SUDOKU

For Analytical Mind

(Pocket)

240 Sudoku Puzzles

Hard to Difficult

Twins & Triples (2) Types

(3 Levels & 3 Variations)

Word Craft Voyage

Explore a Medley of Sudoku Puzzles

ISBN: 9798877352889

General Sudoku rules:

Fill in a 9x9 grid with the numbers 1-9.

Each row, column, and 3x3 quadrant must contain every number 1-9 once.

No numbers can be repeated in any row, column, or block.

The 45 rule states that the total of all numbers in one row, column, or block will always be 45.

The grid is divided into 9 smaller blocks of 3x3, also known as nonets.

Numbers can only occur once per nonet.

Twin & Triple Sudoku rules:

Two or Three Sudokus combined as one, with shared blocks, can share 1, 2, 3 (3x3) blocks.

List of Levels

Puzzle - 1 Hard Twins

		7	8				3	4
4								9
				4			5	7
	5				8			6
	9					3		
	1				9		2	
	7		5					
9					7			
				6				
	8		2				6	
2			8	5			3	
7								9
		8		1		7	2	
3								
			6	9				

Puzzle - 2 Hard Twins

			8			4		
						2	9	7
					1			
							6	
1	7	9	3	2				
		8			4			9
6	8							
7		1						2
								5
1	7	6	8					
4					7	5	1	8
		8		4		7		6
			9	1		8	2	
	4			7	6	3	5	
2			5		3	4		

Puzzle - 3 Hard Twins

		1		9		5		
	7							
			8	1	2		4	3
						2		
5							9	
3	1	8						
		6						
		3		2	8			
			9		7			
6	2	9			5	8		
8		7		9				5
			8	7	2		9	
9	3						1	2
4	6		5			7		8
5					3	4	6	

Puzzle - 4 Hard Twins

					5			9
	1	8	3	9			6	
			7				1	
8		4	6					
	9							
		1					4	
		9	4	3		1		
						4		
	2							
							8	
		5		6	3		4	7
				5	1	6		
2	3							
				1				
7				4			2	8

Puzzle - 5 Hard Twins

	5			7			6	
2	4			5				
	6				1			
4	1	5			6			8
					9			7
			8	1				
			1				9	
7			3					4
1								
	5					2		1
2	4				8			
4				5				
		5			2			6
8	3		7					

Puzzle - 6 Hard Twins

	5	1	2					
			8				2	
		8				5	9	
	9				8	6	4	
	8	5			6			
6			7				1	9
			5	3				
	1				4		7	
			4		6	5		9
	9						4	
7					9	6	1	
1			7					6
	5	2	6					
9	7			1				5

Puzzle - 7 Hard Twins

	7			1				
4	9		5					6
		3		7			9	
		4		3	1			
8						1	7	
9	3		8	5	7	4		
		5		6	8	9	3	
				9				1
				4				
				7	3	4		9
9					6			5
7			8	1				2
	9		6					
8								3
	7		9					6

Puzzle - 8 Hard Twins

	9	1		3		6		
		6			1			
		4	3			9		
			6		2		3	
	6				8	7	4	
1		5		8				
	2				4		5	
			5		6			1
			3					5
	5			7				
		3	9	4				
8					1			
	1	9					6	
		4						

Puzzle - 9 Hard Twins

5	1					2		
					3			
		7	1	4				
1	2					3		4
						6		2
			9				1	
	9							
6			4			1		8
			3		2			
	8					7		1
	7				5	4		
					8			
			2		4	3		9
							5	4

Puzzle - 10 Hard Twins

					7		5	8
4	2	7						
	1					7		
8	3	9						
				6	5		1	
			2					
					2			7
			1			6		
				3				
		4				2		
	9							
					1			6
	7				5			8
1	6		9			5	3	
		5		6				1

Puzzle - 11 Hard Twins

		5						4
			3					
			7					1
6								
2				1			6	3
				2	9		8	
		9	4	5	2		7	
		8						
	5							
9				1		5		7
			2	7	5			
		1					8	
3								
	6					7	4	
			5		9			

Puzzle - 12 Hard Twins

	6							7
				3			8	
	3			8			2	
	5				3			8
4	8		2		6			
	9		1	7				2
	1		8					
8		6	3		7	5		
			4					
	3			5			8	4
			1				2	
		8	2			6		
			6		1	4		
1		2						7
4			5	7	2		6	8

Puzzle - 13 Hard Twins

7								
		9				1		3
			8	5				6
		3		9	8	2		
9			5				1	8
					2	9		
	5				3		4	9
							2	5
		2				8		
			6		8	5		
5		7			1	6		
	3				4			
8						1		3
7								
	4		1	3				

Puzzle - 14 Hard Twins

		7	5					
	5		6				1	
		3						
		8	2		6	1		
		4	8		1			7
		9						6
					7			
7								4
	4						2	
		3					4	
4		2			3	5		8
				4	1	3		
2				9	8			
5							3	6
	6				4			

Puzzle - 15 Hard Twins

			1	9			6	
								2
	1		7		4			
					9	2		8
	9					3		
	3				8			
	4		5		7			3
3		5				6		
		1						5
5		7	4	3				
	1		7		6			
			2		5			
4	7							9
						3		4
				7				8

Puzzle - 16 Hard Twins

	8	9				4		
				3	5	2		
	6							3
	1	6	5					
					6		5	
	5		2	8		6	4	
	7							
					4			6
				6		7		
8	1			7			6	
4	3		1				8	
				3			9	
3					1			2
2							7	
							5	

Puzzle - 17 Hard Twins

			6			3		
				2				6
		6		3	5			7
		3			6	1		
	1			4		7		5
8					7			
4	8							
								1
		7			4	8		
8								
	2					6		7
						3		9
3			5	7				
					6	2		
	9			8		7	5	

Puzzle - 18 Hard Twins

1	9				6			
		8						1
	4							
				5		2		
	2					9	4	
5							7	
	5	1					8	
				1		5		6
3					5			4
	4		9			2		
6			7		4			8
					2	6		3
	6							1
9	1		6				2	

Puzzle - 19 Hard Twins

			6			7		
				3	5			2
5		3		4		9		
						6		8
4				7	1		2	
				6	3			
		6				8		
8				5				
3	4			1		2		
		4						9
7				2	9			6
			4				7	
		1						
6						7		3
		7		4	3	6		

Puzzle - 20 Hard Twins

5	8	2	7					
	3				6			
	7	1	3					
							8	
		8	1		2		3	
		4			5			
				9				
8	4	7				6		5
		4				1	5	7
		8			2			
					5			
	3						4	
	7		3				6	9
			1		9	5		

Puzzle - 21 Hard Twins

	9				4			
	4			3	6			5
		1				3	4	
				6		7		
			5	8	2	1	6	
2			7			5		4
9	5			4				
1	2				7			
8								
						3		
		9	8	6				
	9			3	4	8		6
2	4		1		9			7
3	8	1					9	

Puzzle - 22 Hard Twins

6		7						
				7				
		3		8	5	9	7	
5		2						9
9					2			3
4			1		9		6	
			6	1				
1	5						4	
	2			3		6	9	
9			1	5				
5				8		9		
	3	2			9	1	8	5
8			9					7
			3		1			
2							3	

Puzzle - 23 Hard Twins

	7	2		8	1			
		4		5	6		9	
5							7	3
		3						
	2			7	5			
			9					
				9				
		9	6	4				
	5			1				
		6	4					2
	1						3	4
5	9							8
	8	5		2	6		7	
			3			8	2	
					8			

Puzzle - 24 Hard Twins

9					8			
				2		9	1	
4			6				5	
				5				
							6	7
	3	9						
		3				6		
	9				4			
	4		1					
		6	8		9			
			6	4		8	3	
	1							
4							2	
	7		2				6	
	2			7			9	5

Puzzle - 25 Hard Twins

			6	8	4		9	2
		6		3		7		8
					9			3
	2						7	1
5			7					
7			9		1	8		
6		2	3					
8		5			7			
		4						
								1
	5			4	9			
5			7		1	9		4
7		6	5	2		3		
4	2	1					5	

Puzzle - 26 Hard Twins

6				4				
	9		1			8		
	2		9					6
				7				
3		7	4		2	1		
5								1
4	6					3		7
			3	2	4			
					3			
3				5		7		2
			2					
8					9	1	5	
					5	9	2	6
1					2			

Puzzle - 27 Hard Twins

			5				2	
		4			9	5		
9				3	8		4	7
					7			
	5		3	1			9	
		7				6	1	
				6	3			
				4		8	5	6
	7	1						
		4				3		
7			3	5				4
			1		7	6		3
9							8	7
	1	7	6					

Puzzle - 28 Hard Twins

					6			
7							4	
	3	1						
	5		2	8				1
		8	7			2		
			5	1				
		3						
	6	5						
	7	9				1		
				9				
		8		7	6	4	1	
1	3							7
	5						4	
7						6	8	
		6			3	2		

Puzzle - 29 Hard Twins

		5						6
					3		8	
9	2	3				4	1	
	4	6						
		8			9	5		
			7		8			
					6			
			9			7	4	
	1							
1			5			2		3
	6				3		7	
7				1				8
5							8	
	7					5		6

Puzzle - 30 Hard Twins

			7	3			1	
1		5	8	6	4		7	
					8			
8					2		5	1
		3						
		1	4					8
			2		7		9	
		2			5			
					4			
	5							
		4	3		8	6	5	
2							7	
			1			3		
9			8					

Puzzle - 31 Advanced Twins

4			6					
				9				
		2	5	7				4
	5	1	2			4	7	8
2		3				1		9
8							3	
		6						
			4			7		
5							8	
					2	5		
			8			1		
9		2					6	
					9	6	2	
				3		4		
3					7			

Puzzle - 32 Advanced Twins

8						6		
		3	6	9				8
					3	2		6
3	7		2					
		5					4	3
				2	6			
7	3							
				8		4	9	2
		5		6	4		8	3
8					5	9		
			9				1	
					3			
3						2	7	
	9		6	7			5	

Puzzle - 33 Advanced Twins

		9		8	5		7	
1				4		5		
7		2			1			
		3				7		
	1			7		3	4	
6		7	3					
	9					6		3
		5			6		2	
					7	4	3	
		3						9
4	5					1		
1			6					
	8						6	

Puzzle - 34 Advanced Twins

								5
					6		2	
	1	8			7	9		
		7						
					5			3
9			8	4				
5							8	4
7	8		5		9			
		1						
	5					1		
					6	4		8
			9	2	8			3
	2						4	1
		9						
4			2				3	6

Puzzle - 35 Advanced Twins

6					2		1	
	9					4		
4				5	7		9	8
			1			9	5	
				6				
8			5			6		
	4							9
		8						
				9	8		2	4
					4		8	2
4					1			
	2			5				
		4			2			
	5				9	3	6	
	3		5					

Puzzle - 36 Advanced Twins

	2			7			6	
					6	8		5
4		6			8	2		
				9		5		1
9				8				
2		5						8
			3	5				
7					4	1		
				6		5		9
	5		1			7	2	
	6			7			1	
		5		4				
1		6			2		7	
4						2		

Puzzle - 37 Advanced Twins

					4		5	
		4	5		9	7		3
	5	1						4
		5		2				
			3			2		
	8	7	9					
		6						
			6			5		
				5			9	
3					6			
					4			
2				3			1	
9		2			7			1
					8	2		
7		1			5	6		

Puzzle - 38 Advanced Twins

					6			
			5			8	1	
				1				3
	6	1						
	7		1			4	2	
		3			7	9	8	
					3		7	9
			8				4	
							3	
2		5						6
		1	2		8	9	5	
						2		
					9			7
	2		3	8				5
	7	6	4					

Puzzle - 39 Advanced Twins

						4		
			2	3			9	
5	7							6
3			5					
	8	2	3	7	9			
9				6	4			
	4							2
					5			7
1			7				6	
	7			3				
						7		
		2	1	9			4	
						6		3
5		6					1	8
3			8					

Puzzle - 40 Advanced Twins

	8		4			6		3
		1				8		
3			7	2			9	
	1	7						
9	2		5					
2		9			5		3	
1				7	2			
			6	9				
6			7	2				5
							8	9
7	4						1	
			2					
		6		8	1	7	5	

Puzzle - 41 Advanced Twins

			9	1	2	6		
		4						8
				5		1		7
	7				9	5	6	
2								
		9				8	7	
	3	1		2	4			
	4					7	1	
8								
						4		
1		8		3				2
				5			9	
				4		6		
3								
	2		7		1			

Puzzle - 42 Advanced Twins

		8				7	9	
5								
9			2	7				
			6	4	1	8	2	
	6			8		1		
		5		2		3		
1	5			9				
6	8		3					
	1		9	7		4		2
9			5		8			3
4		8					5	
		5		2	4			
	4							
						7		

Puzzle - 43 Advanced Twins

				2		4	3	
	1			9	5	8		
	4		6					
		8						
	3						1	8
1		6	5	8			7	
2				5				
4	6		9					
9								
	9				7			
7		5		1				
			3					
5		6	4				9	
						3	7	
8		2		7		4		

Puzzle - 44 Advanced Twins

4						9		
	5			3	7		8	
		1						
		6		2				
2			1			7		
8	4		6					
	6				1	8		4
			4				2	
							6	
	8							
						3	4	
	3		1	5	6			
					9		7	
			6			9		2
		7						5

Puzzle - 45 Advanced Twins

4	9			7				5
8	5	6		1				
			9		2			
5	2					8		
		4		6				
6	1	5	3		7			
				2			4	
1				6		7		
8	2				1			
			9					3
		3						
					9	8		2
		1	7	8				

Puzzle - 46 Advanced Twins

9		4					5	
2								7
		5		7				
	1					3		
			8				4	1
	8	7		1				
3						1	7	
	9		7					6
	1						8	
5					8		1	4
		5			4		9	
	3		9		2			8
	6	8	5					

Puzzle - 47 Advanced Twins

7			4	9		6		
		6			8	9		
4					5		2	
1			8	6				5
		2					9	
			2					
	8							2
			5		7	8		
	7	9			6			
		6	8					4
4	3			1				
1			6				9	
		4						
	6			9	1	3		
9	2			6				

Puzzle - 48 Advanced Twins

		1		2				
6				1		4		
	7		8				9	
	3							2
	4	6	3					7
7				6	2			
8				9	3	6		4
			6	4			2	
				7				
	1		3	2				6
				1	6			7
	4						8	
	8	4	9					
	3						6	
		1	4				9	

Puzzle - 49 Advanced Twins

	4	8			6			
			2	4		8		
6		2			7			
	3							8
7			9		5		4	
8				6				
		9						5
2			6	3				9
					2			
	3	4	9		1			
6								
		3			7	8		
						5		
5				8		6	7	

Puzzle - 50 Advanced Twins

			1					2
			8		6	9	1	
2					9		5	
4	2				3			6
								3
	7		2					
			4			6		7
	3	5					4	
					1			
		3				5		
4	1		8	5		3		
6								
	7		9	6				2
					4			
			5				6	1

Puzzle - 51 Advanced Twins

		8		5				1
7		9		6				
5				8	1		2	9
						8	9	
		1		2	6			
	2				3			4
	7							
			2				7	
6	5				9			
		6			1			
3	1	8		6	4		2	
		7						4
7			5	8				2
				9		4		
2								

Puzzle - 52 Advanced Twins

9		8						5
				7	9			
	4	7						
7				8				
	6	4	2	5				
2	8	5		1				6
		2		3			5	
				9		7		
		6						9
					1	5		
	1	3			7			8
5			8					
						2	4	
2	3			8	4			7
		5		7		8		

Puzzle - 53 Advanced Twins

	4					9	8	3
					6		1	
			9				4	
	8							
2		7			9	1		
				6	1		3	8
				8		3		
						4	6	
	3		6					9
3		6			9			7
	5							
			3	2				
		5	2		8			
	1							6
	9				1			

Puzzle - 54 Advanced Twins

2					9		4	1
		8			6		9	2
		1			3			
					8		7	
	2		7				1	
					5			
	4		6					
		6		8				
								8
		1		7				
				4		3		9
			1					6
7		9		6	4			5
	6				5			
5						6		2

Puzzle - 55 Advanced Twins

			3			5		
9							8	4
	7							
			5					
				2		6		
	8	1			9	7		
	1							
7		8				9	5	
5			4	8				
			3			8	9	2
		5			1			
			8		4	6		
		2	1	4				
	9							
4			6	3			2	

Puzzle - 56 Advanced Twins

	7	1				4	6	9
5		6			4		8	1
		8				2		7
		2						
				3		5	9	
			4			7		2
				6	3			5
	9			4	1	8		
			3					
				7	9			
		2					8	
7				3		5		2
8					4			9
	3			9	2	7		

Puzzle - 57 Advanced Twins

	3	7		1			4	
2			8					
		8		7				
			6		2	4	9	
		9			5		6	
8								
		6		4	7			
				6				
			3			7		
			7				5	3
		1	4			9	6	
		5	9					2
				3				
3		9					4	5

Puzzle - 58 Advanced Twins

2		8						3
	6				7			
1					4	8		6
				4	8			
		2	1		6			
	7	4	9	3		1		
3			4					
		6					9	
				1	3			
	1		2					
			8		7			
		3						
9		2					8	6
							2	
		5			1	7		3

Puzzle - 59 Advanced Twins

	4				3			7
	9		5			1		
3		1				5		
				5				
2			7					1
9					6		4	
4	8					9		
				9				
	5		1					
			4	7			6	
3				5	9	2		
5		2			6			1
							3	2
		6			3			

Puzzle - 60 Advanced Twins

3		9	4		1			
		1	8				5	
4				5				
		6		9			7	5
				6				
5								2
7				2	9			
		4						
			7			8		6
1	9			5				2
		7						
8			9	4				
					8	6		
3	8				6		7	4
							9	

Puzzle - 61 Difficult Twins

	4	8					6	
	5		9	3		8		1
		2	6	7			4	5
					2		8	
								4
			8	6		1		
			2					
			5		7			2
2			3			6		
	1				5			7
	9				1	2	6	
	5	4				3		
					4			
		8	1	7		9		6
				9				

Puzzle - 62 Difficult Twins

4	9						7	5
3								4
		5						
	6	8			9	7		
		2	7	1			4	
				7	4			
2			9					
				2	1			3
3			2			8		4
		8		3				
6	5					3	7	
					6			
9		1						
			7	9		1		2

Puzzle - 63 Difficult Twins

					3	9		
9			1			5		6
		8			5			
			4		7		3	2
	8	1				4		
								5
	2		5		1		6	
				6		2	9	1
	8							4
			6	8		1		
3		1						
9			8	1				
6			4		5		2	
	5		9					3

Puzzle - 64 Difficult Twins

4		8	5		1			
			8	9		4		
	9					7		
5				6			4	
9		3				2		
			1	3			5	
3							8	
8	7					5		
6				5			7	1
								9
			8				2	5
		7	5		9		6	
			6	7		8		3
	6					9	4	
	8				3		5	

Puzzle - 65 Difficult Twins

		2						9
	8						2	
4	9				2		1	
	3		7				4	1
1				5				
2					9			7
			5	3				
							7	
3					1			
2								8
	1	4	3	9				
	5	9	6			4		1
							6	9
				5				
			8				1	2

Puzzle - 66 Difficult Twins

3		5			7		4	
		2	4	1				8
	6					8		
7	8					9		4
		9						
				4	8			
	2		7					
				2	1	6		
	6		2			8	5	
		5		6				
9	3						6	4
	7	1						
			4	7		2	1	
					3			

Puzzle - 67 Difficult Twins

	6				3			
		3				2		6
8	7				2			
				4			8	3
						7	5	
	5			3				
		8			1			
9						8		7
						1	2	9
				9				8
4					5			2
		1	8	6		4		
	2						5	
7								
		4	6				7	

Puzzle - 68 Difficult Twins

7								
		2						
5	1		4	7				6
				9			3	2
		1		8	4		7	
		3	5				1	
	8							
	3	5	8					
	9			4		8		
9	7		1	6			3	
					4		2	6
5	4		3		2			8
		8			6			
4	6			1				
			2					

Puzzle - 69 Difficult Twins

		1	2		5			8
				3	4			1
6		8	1					
	1	5		9				
		6					5	4
	7							6
				5				
	8		3		1			
	3	4						
						9		
		1				2	8	
4					3	1		
				9		7		2
	9						5	
	1		7	3				

Puzzle - 70 Difficult Twins

			7					
	3						1	
			6				8	3
		8		4				9
2			1				6	
	6			9			7	2
	9		8					1
	4		9					
8			3		1			
	1			8				2
				1			4	
	8	6	7		5			4
2				9			5	
1	5	7			6	3		

Puzzle - 71 Difficult Twins

	7							
1				8				
					3		4	
2	9				4			3
	3	4	9	2		7		
	5				6		2	
				3		4		
					5		8	
								9
					6		5	
	4			5				
5	8	1						
			4				2	3
7	9	6						
						8		

Puzzle - 72 Difficult Twins

8								5
4				5	1	3		8
	9			2				
6								
	5					1		7
1				7		6		3
	1	2		3	9			
		4						
6				7	1	2		
1			3	9	2	6		
	9	7			8			3
	2	1			3	7		5
				8				
	3				7			8

Puzzle - 73 Difficult Twins

		9		8				
1		5			2	3		
8							9	
	9		1			2		3
						1		
				5			6	9
3		6						1
			7	9				
8			1		4			2
		3			5		9	4
1			6	3				
	5							9
		9					4	
6				4			5	

Puzzle - 74 Difficult Twins

8				2	7			9
2		1		3			6	
	9	4					1	
	2				8		4	
					2			7
				7		8		
	7	5						
				1			9	4
	8			7	4			
		1	3	9		7		
			1					
					7		6	
3			9				1	8
	6							7

Puzzle - 75 Difficult Twins

				5				
		4				5	8	7
		1		9				
				2	8		5	
	7				3	6		2
	3					4		
			2					
1	4	7					6	5
	3			6				
5	1	9						
	7	8			3		1	
		4		5				
		1		9	8	3		
						1		

Puzzle - 76 Difficult Twins

				1				2
		2			5			
1	9			4		5		
								8
7	2		4					5
9			5	7		4		
	3					6		
			6					4
	8		9				2	
7	4							
8	5					2		
			4	6				
	2		1			3		
		4	5					
3	7							

Puzzle - 77 Difficult Twins

	4		3	6	5		9	
	9		1		4		5	
3		1			2	6		
6					1	2		
			2					
5		4			6	8	1	
4		5	6		3			
		7						
	4		1			6	9	
8						1	4	
	9							
3			5					
	2					8		
	7		8		4	2	6	

Puzzle - 78 Difficult Twins

6				9		8	1	
	8		7				3	
4	1		6			9		
								9
		7			1			
						6	8	
	4					5	9	
7				8		3	2	
4	7					9		
6	1							3
					1			
	2	7	4		5		3	
1	6				7			
3	8	5		6	2			

Puzzle - 79 Difficult Twins

4		8	3					2
	3	6	7	2	8			
				4	6			8
1								
	7		2		9		4	6
	8							
		9				2		
				1	3	9		
	3							
	9		6	4				
1		4	5	3				
								2
	2			8			7	3
		1	7					8

Puzzle - 80 Difficult Twins

	6			3	9	8		
	8			7			2	
		7	6		1			9
		3		1				
			9					2
						9		
							4	3
5					2		6	
	3	2						
		3		4			8	
				3	6			4
			2			1		
	7			2				
9					3			
			9			4		2

Puzzle - 81 Difficult Twins

			3	6	4			
							5	
		1				8		9
			7	5	2			
	2			1				
3						2		
	9						1	
								6
2						5		
				4				
9						1		
	5				7			
1				6	8			9
3				2		8		
	8	6	1	9			4	

Puzzle - 82 Difficult Twins

		3	1	6		7		
		8		4	7	3		
	1	9			5	8	6	
	5			8				
	2						8	
8	3		7	5	9		4	
1								
			5		6	4	7	8
2	6					3		
9	4	7				8	2	5
	1	3			8	7	9	
		4		8	5			
	5	1						
	2	9		3		5	8	

Puzzle - 83 Difficult Twins

		7	9	6	8		3	
		3		4	7		8	
4	6				5			9
				5				
	9				4			5
7	8				9		4	2
1								
8	7			9	6			
		5						2
	6			8				
		1		2	7		9	5
		3						
	2						7	4
		7		4			3	9

Puzzle - 84 Difficult Twins

	4		7			2		3
		8					6	
	3	6					4	
			6		9		3	8
		3	5	1				
				7	4		5	
	1	7	2					5
				4				
8		9	7		3			
	6							
1				8				
		1			8	2		
7			4			5		
		6	3			7	4	

Puzzle - 85 Difficult Twins

	7	2				1		5
5						3		
		6			7			
1				5	2		7	9
	2				8		4	
		3		4		8		2
					6			
					4	2		5
2	6	8			9			
			8		3			9
4		9			2			
3	5	2					6	

Puzzle - 86 Difficult Twins

					9	3		
	9							1
3		7	1			4		
		9			1		4	
				8	6			
7	6		4			8	1	
		5	2					
				9			7	
					4		2	
						2	4	
8		4						
	2	1	9					
5		8					9	6
	4						1	
1	6	9	5				3	

Puzzle - 87 Difficult Twins

	3				2	9		
					5			4
						8	3	
						4	8	
				1	4			
	9					5	6	
		9			7	6		
4					1			
	1					3		
	5			4		7	2	
			5					9
9				2				
	4			8	5		7	
5					4	9	8	
6								

Puzzle - 88 Difficult Twins

	9	8				4		
			9			7		
2		5		8	4			
	3	2					5	
	6				5		4	
				3	9	1		
			7		8	5		
	5				6		7	2
					3		8	
9		5		7			6	
		8					1	5
								9
3			8				5	
	7	6				8		3
			6			9	4	

Puzzle - 89 Difficult Twins

1			7		2	3		
3			6					
		7		3				
		5			3	7		
2		1	8				5	
					1			9
							9	8
5								
					8	1		
1		3					6	
4		7						
								9
		6			3			
			1	2			8	7
	2	1	9	7			4	

Puzzle - 90 Difficult Twins

				8	9		4	3
1		8						
9					6	2		
					3	8		
8	3		4					
		4					9	1
		7	1	5				
	8							
				3				8
			7	6	9	3		
				2			5	
		3						
9			5			1	6	3
8	1				3	5		
7			2					

Puzzle - 91 Hard Triples

			7				9							
		6												
	7	8			6									
			4	9		7	1	3						
	9				3	5								
1							4	9						
	2					9								
					5									
							2		6	4				
				4						3				
				6		5		8						
			1		7									
						7							1	
			3	5										2
						4			9			8	6	
						1			4					
						5	4			6		2		
							9	8	5		1	3		
												6		
									6					

Puzzle - 92 Hard Triples

7			5			4								
		9	7	1										
2														
5	2		6	7										
		6												
	8	1					2							
8						9								
								7	2	9				
					6									
			4				5		6					
				9				1						
					3	8								
			1		4									4
											8	2	6	5
										5				
							4			7				
							5						8	
								7			6			
						9		6	3					8
						8	3	5				7		
							7		8				9	

Puzzle - 93 Hard Triples

3		7			9									
8	9			7		1		4						
					2									
	1					6	9	8						
7	6					5		3						
9								2		5				
			7					1						
		1		8		3				1				
							3		4					
			2					4	7	9				
			4	3	7	8			1					
				4	2	5						2		3
						1	2	3	5					7
					1	7		8		3	2	1		5
								7					3	
								4	2					
							9			6	4			
							5				8			
						9	7			2				
								2				4	1	

Puzzle - 94 Hard Triples

			2			7		9						
	7						5							
					4									
4	5					3	2							
					3	4								
8								5						
9			4			5								
2	4							1	4	6				
	1													
				8						1				
						7								
			7	2		3			8					
				7		6					5		2	
				6	9		5				4			
											2	7		
						7		2		5				4
								3	7			8	1	
								1	5					6
								8		4			3	
							2		3					

Puzzle - 95 Hard Triples

		3		2										
1	2			6	8		5	7						
				1		2		8						
		8	5				6							
	6	1												
	9		1	8	6									
5			4		1									
									4					
	3	2						5						
				4		1	6			5				
			2					7						
			3			2					9			
			1								8		6	
				2			8							4
					3		5						3	8
							4	2	3		1	5	7	
						5	3	9			2			
						1								
						2			7	6	9		8	5
								8	4					3
								5						7

Puzzle - 96 Hard Triples

1			9				3							
		3												
6						7		4						
4			3											
				9	1	8								
		5			7									
	8		7	3		9								
3				8										
			5											
				7		6			3	8				
								4		2	6			
							8							
													3	1
			8				3							
				5				7			8		2	4
						6		8		5				2
											9	6		
							7				4			
									9			3		
														8
						4	6		5					

Puzzle - 97 Hard Triples

			9			5		3						
	5						6							
					8									
8	6					7	9							
					7	8								
2								6						
3			8			6								
9	8							1	8	4				
	1													
				2						1				
						5								
			5	9		7			2					
				5		4					6		9	
				4	3		6				8			
											9	5		
						5		9		6				8
								7	5			2	1	
								1	6					4
								2		8			7	
							9		7					

Puzzle - 98 Hard Triples

8		3			6									
5	6			3		4		9						
					7									
	4					2	6	5						
3	2					1		8						
6								7		1				
			3					4						
		4		5		8				4				
							8		9					
			7					9	3	6				
			9	8	3	5			4					
				9	7	1						7		8
						4	7	8	1					3
					4	3		5		8	7	4		1
								3					8	
								9	7					
							6			2	9			
							1				5			
						6	3			7				
								7				9	4	

Puzzle - 99 Hard Triples

8	9			2	4	6								
6							5	8						
	5				6	4								
	3	4			7									
5		9	2		1									
	2		1					5		3				
	7					8				7				
								3	8					
				3			7		2					
						3				8				
			5						3	6				
			6		3			7	9					
				1	9		6	4	7				8	1
				7	4		3		6					
							4				1	2		
						1							9	
													3	7
							1	8		6	2			
							9		3				1	
						3								8

Puzzle - 100 Hard Triples

	8		4		1									
1			6			2								
		4		5		1								
2		8		4										
			5					9						
5														
		7				3	1				4			
3		9	1											
											5			
			9				2	8						
						1		6						
							5			8				
				4		9				3			4	
				7	3									
			8							4				9
							1							
									8			6	7	
								5			4			2
							2			8	3			
										9				
						3							9	4

Puzzle - 101 Hard Triples

			1	2	3	9	7							
					9	6								
								8						
5	2	9		3										
					7									
	3						4							
		7								6				
	4	5			2									
	8				4	2	6							
						7					1			
				3		6				5				
							3							
										3		1		9
				4					6			8		
				7						4				
								7	5			4		
							1		4	6		3		
												9	6	
								9						
						3			9				5	
								4	8		7			

Puzzle - 102 Hard Triples

	1			8										
	2				6		3							
						8	4	2						
6						7	2	8						
	5													
9		3				4								
		8		7				4	3					
	6		2			9	8		1					
					2									
								3		1	2			
						1				5				
				5			4							
			7						5		1	7		
					9				8	7		2		
													4	
							2	6	4					5
						5					3	8		
						2		7						
								1			5			
												5	9	3

Puzzle - 103 Hard Triples

5	7		3											
3		6	1			4								
		2		8		3		5						
			2											
					1		7							
6				5		1	8							
									8					
	3						4							
	1		5											
				3	1			5						
			7					8	2					
						2	3		9					
					9					8				
						3				9		8		
					2					6		3		
										1	7			
										2			4	
													7	9
								8						
							4					2		3
						2				5				1

Puzzle - 104 Hard Triples

		7					6							
			7	2			3							
	8				5	4								
			8		2	6		4						
	4													
	9	6				3	2							
	6		2											
8					3				1					
		4	9				5			4				
					2	3		1						
				7				5	2					
			1								5			
									4	3			6	
				2					7	5	9		3	
					9					6				9
							5		3					
						1								
							7	6	2		5			
									5				2	8
										4		1		
						7						9	5	

Puzzle - 105 Hard Triples

	8						6							
	7	3	8	1			4							
9	1		6	4	3									
		7					9							
				7		6								
	3				1		5	7						
					7					3				
									2	4	1			
					4	7	3	9		5				
				5	9			1			2			
			8					5						
								4					1	
			2								4			3
				4			5		7				9	4
							2		6	8		5	4	
									2	4		3	8	
							8						2	
						2	3			5		4		
							7							8
						9					8	6		

Puzzle - 106 Advanced Triples

	8	9				2		5						
7														
		4		2		7								
					4			1						
1	7						8							
		8	5											
4				8										
						5	6		9					
8		7				9				8				
					1									
						7								
			6						8	1				
					9				4					9
												1	5	
					3	6								
							6						3	
														2
							4		1		7	6		
									6			4		
						5	9					8		
								8			5			

Puzzle - 107 Advanced Triples

5			8		2									
8		3												
		4												
					3		5	4						
			7					8						
		9	5	4			2							
										2				
							4			7				
			9		6					3				
					9	1	5							
					1	7								
								6	2		1			
								2	3			6		
											7	2		
			1			4							3	
						9	5	8		3			4	
									4					
												5		
							9	6				4	5	8
								3				9		
						2					5		6	3

Puzzle - 108 Advanced Triples

		9					8							
			9	4			5							
	2					6								
			2		4	8		6						
	6													
	1	8			6	5	4							
	8		4								8			
2					5				3					
		6	1				7							
					4	5								
				9				7	4					
			3								7			
								4	6	5			8	
				4					9		1		5	
										8				1
							7		5					
						3								
							9	8	4		7			
									7				4	2
										6		3		
						9						1	7	

Puzzle - 109 Advanced Triples

				3				7						
7							6							
	1	6				9								
	4		3	7		6		5						
			5			1								
6	2				4									
3														
		1					3							
9	5				3						8			
							8		4		1			
				9										
						6	2		7					
					2				6			4	7	
											3			
			3					7					3	9
							2	6				9		
							4		7		2	1	5	
											1			7
						9		3		8			1	
												3	8	4

Puzzle - 110 Advanced Triples

	9	7		5										
				3			8	5						
			2			3	4							
7		4				1								
9														
		5					2	6						
		9									3			
	5	2			9			8						
											1			
					8		1	5			6			
				3		7			8	9				
					3							6		
			2			8								
					4					1	9	4		5
						6	1	3				5		4
											7			
								4	6	5				
							6							
									8					3
												7		2

Puzzle - 111 Advanced Triples

		4					6							
6				5		2								
	8			6	4									
	9		3											
2		6		1		7	8							
1					9									
	5													
		9					2				6			
					6			3	4					
								5		1				
							3			6				
				8						5	2			
						2								
			2	5			7						4	
				6	7						5	7		
						7			5		4		6	
								4			2	9		3
						9								
									4					8
							6					3		
						8		1						4

Puzzle - 112 Advanced Triples

					7		6	5						
	7		8	1				4						
8			2		6									
	2			5			9	6						
7														
					3	4	2							
4							5			9				
									2					
						6	1							
						4								
									4		7			
			2		9			7						
													1	
					3			4		2				7
											1	5	4	
							4	2			8			1
							8	7	3				2	
									4			6	8	
								9						

Puzzle - 113 Advanced Triples

4	6		1											
		5				2								
		9		7		1		4						
			9											
					3		6							
5				4		3	7							
									7					
	1		7											
	3		4											
				1	3			4						
			6					7	9					
						9	1		8					
					8					7				
						1				8		7		
					9					5		1		
										3	6			
										9			2	
													6	8
								7						
							2					9		1
						9				4				3

Puzzle - 114 Advanced Triples

			6	7	8	2	3							
					2	5								
								1						
4	7	2		8										
					3									
	8						9							
		3								5				
	9	4			7									
	1				9	7	5							
						3					6			
										4				
							8							
										8		6		2
				9					5			1		
				3						9				
								3	4			9		
							6		9	5		8		
												2	5	
								2						
						8			2				4	
								9	1		3			

Puzzle - 115 Advanced Triples

3		8												
	1			9	8			6						
6			4		1									
							3							
				4	2									
8		2	9					4						
		7								5				
	8					4								
	6			2										
			7	6			8							
				9	5	6			1					
				8										
			5			2	9							
							4	1			6			
												7	6	
									4		8		7	
									2					
											7			9
							5		1			3		
								4	7	8			1	
						1				5		4	2	

Puzzle - 116 Advanced Triples

				2										
6			5		1			9						
5	1	4	7		8	6								
		3				8								
4	6			7		9								
		5	2											
				1										
					6		3							
	3	1									8			
			7		4									
					3	8	6	1	4					
											5			
				9		6			8	5				9
										4				
							2							
						7				6		8		
						8	6	9			2	7	3	
						5							6	
								8				2		
						2				7		9	1	4

Puzzle - 117 Advanced Triples

	7	4												
	9			3	5		2							
			9			4								
6			7			9		2						
					1	8		6						
		2		4		3								
	5	8		6					8					
	3		1	8	7						3			
	6		5	9										
					8				1					
											8			
				1					9	4				
			3		6								3	5
			7		1									
			8						3			8		
								6	9		4	7		
						5		1					9	6
								8			5	2	1	3
						7	8	4			3			
											8			4
							3	9		4		5		7

Puzzle - 118 Advanced Triples

		6	5											
7	8	2	9					6						
		1	4		2									
	7	9						8						
4						9								
					9		6							
	9	4				6								
6			2		4				6		5			
		8					7			2				
			4			8					1			
			3			2								
					7			4	9		2			
									4	5			7	
			6							1				
					3			1						
											1	3	4	
						3	2					9	8	
											8	2		
									1		2		9	
						2			5		4			
						4		5				6		

Puzzle - 119 Advanced Triples

			8	3		9								
	8		9					1						
		7												
				2	6	5	8							
								4						
				4										
		6				1				8	3			
	7	4						9	5					
		1									1			
						9								
									1	5				
						7	2	8						
					1				3			9		
					5			7						
													7	
						4					2	5	8	
									5			2		
							5				9	3		7
						6			7		8		9	5
						1								

Puzzle - 120 Advanced Triples

	7	4												
	9			3	5		2							
			9			4								
6			7			9		2						
					1	8		6						
		2		4		3								
	5	8		6					8					
	3		1	8	7						3			
	6		5	9										
					8				1					
											8			
				1					9	4				
			3		6								3	5
			7		1									
			8						3			8		
								6	9		4	7		
						5		1					9	6
								8			5	2	1	3
						7	8	4			3			
											8			4
							3	9		4		5		7

Puzzle - 121 Advanced Triples

	4	9												
	1			8	5		7							
			1			9								
6			4			1		7						
					2	3		6						
		7		9		8								
	5	3		6					3					
	8		2	3	4						8			
	6		5	1										
					3				2					
											3			
				2					1	9				
			8		6								8	5
			4		2									
			3						8			3		
								6	1		9	4		
						5		2					1	6
								3			5	7	2	8
						4	3	9			8			
											3			9
							8	1		9		5		4

Puzzle - 122 Advanced Triples

5		9			3									
2	3			9		1								
					4									
	1					8	3							
9	8					7		5						
3	7							4		7				
		1		2		5				1				
									6					
			4	7	2					3				
				5		2								
				6										5
							4		7					9
					1	9						1		7
								9					5	
								6	4					
							3			8	6			
							7							
						3								
											8	6	1	

Puzzle - 123 Advanced Triples

4	6		1											
		5				2								
		9		7		1		4						
			9											
					3		6							
5				4		3	7							
									7					
	1		7											
	3		4											
				1	3			4						
			6					7	9					
						9	1		8					
					8					7				
						1				8		7		
					9					5		1		
										3	6			
										9			2	
													6	8
								7						
							2					9		1
						9				4				3

Puzzle - 124 Advanced Triples

			3	1			5							
1		3				7	6	9						
				9										
5				4				6						
4	8		1		5		3							
9	3				8			5						
	6													
				2										
8										2				
				9		8	5		4	3				
					8		1		5	7				
						4		6			1			
			7		4	3	8	5	2					
				6	5		4	9			3	5	2	6
							6	1			5	8		
						6	7	2			8			
						5			1		2	9		
						1							7	3
													8	
						8			3	9		7	1	
							1							

Puzzle - 125 Advanced Triples

			9			5		3						
	5						6							
					8									
8	6					7	9							
					7	8								
2								6						
3			8											
9	8							1		4				
7									1					
				2						1				
			5	9					2					
				5		4					6		9	
				4	3		6		9		8			
									8		9	5		
										6				
								7	5			2	1	
								1						4
								2				9	7	
							9		7					

Puzzle - 126 Advanced Triples

		2					1							
			2	6			7							
	3					8								
			3		6	1		8						
	8													
	4	1			8	7	6							
	1		6								1			
3					7				5					
		8	4				9							
					6	7								
				2				9	6					
			5								9			
								6	8	7			1	
				6					2		4		7	
										1				4
							9		7					
						5								
							2	1	6		9			
									9				6	3
										8		5		
						2						4	9	

Puzzle - 127 Advanced Triples

			6			2								
				3		1								
9				7			6							
			2		1		5							
5				8		6								
		3					4							
7	4										5			
6									2					
3			9											
						8								
							9		6	1				
				8	7	6	5	1	9					
								5					3	
										7			8	
			5					9						1
									9		5		1	7
												9		
									1	3	6		5	
						8			6	5				
						5								3
								7			2			

Puzzle - 128 Advanced Triples

							4							
	7			6		1								
1	2						5							
				4	7		6							
		3					8							
4	9							2						
				1		9								
	3	6					1			6				
	4													
					7				9					
			8	5			6		2					
								2		3				
					2									8
			3	7							9	1	3	
				9			4							
									3			9	5	
											6			
										8				
						8			4					
						7					2	4		5
						9				5				2

Puzzle - 129 Advanced Triples

7		5												
	1			6										
3	2		8		1									
							7							
			1		2									
5		2	6				9	8						
		4	5							9				
						8								
	3			2										
			4	3			5							
				6	9	3			1					
				5				6			4			
			9			2								8
							8	1			3			
									6					
											5		4	
									2					
											4			6
							9		1			7		
						7		8		5			1	
						1				9		8	2	

Puzzle - 130 Advanced Triples

				1				4						
4		1					7							
	2	7				9								
2	5		1	4		7								
			6			2		5						
7	3			9	5									
1									1					
		2					1							
9	6				1		5		9	6	8			
							8				2			
				9				1	3					
						7	3		4					
			5		3		6		7	2		5		3
											1	8		2
			1		9			4					1	9
						4	3	7				9	5	
							5		4		3	2		
											2			4
						9		1	5	8				
							2				4	1		5

Puzzle - 131 Advanced Triples

	6	7				8		2						
4														
		5		8		4								
7					5									
	4						6							
			2	7	1									
5				6										
						2	3	6	7					
6						7				6				
					1									
						4								
			3						6	1				
			6		7			4	5					7
													2	
					9	3	1				6			
							3						9	
														8
							5		1			3		
							9		3			5		
						2						6		
						5		6			2	7		

Puzzle - 132 Advanced Triples

	2	8		6										
				1			9	6						
			4			1	5							
8		5				3								
2														
		6					4	7						
		2									1			
	6	4			2			9						
											3			
					9		3	6			7			
				1		8			9	2				
					1							7		
			4			9								
					5					3	2	5		6
						7	3	1				6		5
											8			
								5	7	6				
							7							
									9					1
												8		4

Puzzle - 133 Advanced Triples

	2	3				4		7						
9														
		6		4		9								
					6			1						
1	9						2							
		2	7											
6				2										
						7	8		3					
2		9				3				2				
					1									
						9								
			8						2	1				
					3				6					3
												1	7	
					5	8								
							8						5	
														4
							6		1		9	8		
									8			6		
						7	3					2		
								2			7			

Puzzle - 134 Advanced Triples

	5		9											
					4	5								
			2	5		9	1							
				4		8								
	7	8				4								
					3			6						
3		9									8			
		1				7				5	1			
7	4													
			3								2			
							7							
			2		8			3		6				
					2									7
						3		4	5					8
											6	5		3
									8				6	
										2	4	3		
									6	9	1	8		
										4				
						5	4							
								9					1	6

Puzzle - 135 Advanced Triples

			4			6		9						
	6						7							
					3									
3	7					2	4							
					2	3								
8								7						
9			3											
4	3							1		5				
2									1					
				8						1				
			6	4					8					
				6		5					7		4	
				5	9		7		4		3			
									3		4	6		
										7				
								2	6			8	1	
								1						5
								8				4	2	
							4		2					

Puzzle - 136 Difficult Triples

	8	9				7		3						
2														
		5		7		2								
9					5									
1	2						8							
			3	9										
5				8										
							4	8	9					
8						9				8				
					1									
						2								
			4						8	1				
			8		9			2	5		1			9
													3	
					6	4	1				8			
							4						6	
														7
							5		1			4		
							6		4			5		
						3						8		
						5		8			3	9		

Puzzle - 137 Difficult Triples

				2										
						6	4	7						
8						2		1						
6	7						8							
	2				4									
		8			2	5								
1					3						1			
3				1				6						
	4	6												
			4			9								
					6			7						
						5				8				
				6		7								
			8							5	9			
			1				5							
							2						4	
									1		4	5		
									5	3		1		6
						3			7	2				
							4					8		2
							9							

Puzzle - 138 Difficult Triples

				7										
						2	9	3						
4		5	9			7		6						
2	3						4							
	7			2	9									
		4			7	1								
6					8						6			
8								2						
	9	2												
			9	7		5								
					2	8		3						
										4				
				2					7					
			4							1				
			6	8			1							
							7						9	
									6		9	1		
							3		1	8		6		2
						8			3	7				
							9			5		4		7
							5							

Puzzle - 139 Difficult Triples

	1						3							
8					5	4								
2		4	6											
	9													
			3	7	4	2		5						
		5												
	2			8		6								
9	3	8			6						8			
		6	9											
						9			3		2			
					7				6					
			3						4		9			
			6				5	1						4
												1		9
						5		7		8	6		4	3
							6			5		9		
											9		2	
						8				3		4		
									6				3	

Puzzle - 140 Difficult Triples

	5		8			2		1						
8			4		9	5	6							
				3	5		9							
					4									
		8	7	6										
	4	7		1	3		8							
3				5										
					7			5		9				
5		1			8						5			
								4						
							1							
			4	8	2	7								
				3			5			7				
				2	5		3							
			7		4	2							7	
									8	9	4			
						8	6				1		2	5
						9				2				
						5	9					3	6	
							4					2	1	
						1	7	8					4	

Puzzle - 141 Difficult Triples

	8			4			6							
		4	8			2								
	9		5		6									
1						7								
	2	6			5			9						
		7	4	8										
						8								
	3	9							9		3			
	1			9		6					5			
			1			2	6							
								5	8		2			
			7		3			8						
							8							
				7								1	8	
									6	9				
						8							4	9
								4		1	6	8		
													7	
									1	3	5		6	
							9		2					3

Puzzle - 142 Difficult Triples

3		8												
	2			9	8			6						
6	1		4		2									
							3							
				4	1									
8		1	9					4						
		7								5				
	8					4								
	6			1										
			7	6			8							
				9	5	6			2					
				8				9						
			5			1	9		8					4
								2			6			
									9			7	6	
									4		8		7	
									1					
											7			9
							5		2			3		
								4	7	8			2	
						2				5		4	1	

Puzzle - 143 Difficult Triples

				9										
3			8		2									
	2	7			5	3		1						
		1				5								
7	3	5		4		6								
		8	9											
										3				
	8				3		1							
	1	2									5			
					7									
				9	1	5		2	7					
											8			
				6					5					6
									6	9				
								1						
							9							
						4				3		5		
								6			9	4	1	
						8							3	
								5				9		
						9	1			4		6	2	7

Puzzle - 144 Difficult Triples

3			2											
	1	8	5											
		4					8							
6	3	2					4							
	5						1	3						
		1												
									3		7			
										9				
2						8		7		6				
											6			
					8		9							
				7				2	4					
					7			6						
			2											
				1	6				5			6		
									9					
						6						5	1	
							1				4	8		
						7				5	3			4
								1	7			2		6
														5

Puzzle - 145 Difficult Triples

		5					4							
			5	7			8							
	2				3	9								
			2		7	4		9						
	9													
	1	4				8	7							
	4		7											
2					8				6					
		9	1				3			9				
					7	8		6						
				5				3	7					
			6								3			
									9				4	
				7					5	3	1		8	
					1					4				1
							3		8					
						6								
							5	4	7		3			
									3				7	2
										9		6		
						5						1	3	

Puzzle - 146 Difficult Triples

3			2				7							
	7	6	4			9	5	2						
9	2					4	3	6						
					1	6								
	5			6		8								
		9		7		5		3						
		7									9			
4														
5		3		4		2					6			
										1				
					6	5			9		7			
					4		3			6				
			4	5						9			1	
			7				5							3
				6			9		3	5	1	8		
														8
									1	8	5	3		6
							8	2		6		1		
							4	1				2	9	7
								5		1			8	
						2			8					1

Puzzle - 147 Difficult Triples

			1					8						
	3					6	1							
	5													
		3	8				9	4						
					6			5						
8	4													
1		5			7			9	2	5				
										9				
					8									
					1				9	4	6			
								7						
							6		1	3				
						5								8
					9								6	
				4	2			8						4
											6			
							1		8	5				6
										9	3			5
						1				3		8		
								2	6		1			7
								5			8			

Puzzle - 148 Difficult Triples

			8	2	9									
		4	3			7								
5			7											
4		6		3	7		1							
	8			1		3		9						
3	7	1		5			6							
8								2	9		5			
			5						1					
							2	9		4				
					6					9	3			
							6				2			
				6		7								8
				4		9					8		2	
			3		1			4			9	1	3	
													1	6
						4	2							
							5	1			7	2		
							4	9			5		7	
										4		8		
						3	6					9		

Puzzle - 149 Difficult Triples

			2		9	1								
		5			8									
	9					4	6							
		4						3						
	7					2		1						
	3		1											
						3			6					
8			5			9			7					
	5													
			1	3		4								
			8				3	9						
			6						5	1				7
				9			4							
			2	4				6						4
						9			3		1			2
											5		3	
							2		7					
						3				5		9		
							8		2	3	6			

Puzzle - 150 Difficult Triples

				4										
						7	1	8						
9						4		3						
7	8						9							
	4				1									
		9			4	6								
3					5						3			
5				3				7						
	1	7												
			1			2								
					7			8						
						6				9				
				7		8								
			9							6	2			
			3				6							
							4						1	
									3		1	6		
									6	5		3		7
						5			8	4				
							1					9		4
							2							

Puzzle - 151 Difficult Triples

4			3				2							
	2	1	9			8	6	3						
8	3					9	4	1						
					5	1								
	6			1		7								
		8		2		6		4						
		2									8			
9														
6		4		9		3					1			
										5				
					1	6			8		2			
					9		4			1				
			9	6						8			5	
			2				6							4
				1			8		4	6	5	7		
														7
									5	7	6	4		1
							7	3		1		5		
							9	5				3	8	2
								6		5			7	
						3			7					5

Puzzle - 152 Difficult Triples

	3			6	8	4	7							
4				1		6		2						
	9	6			4	8								
		8			5			1						
9	4	3	6		1		5							
				4					8	7				
	5					2				5				
3						1		7	2					
				7			5	2	6					
					4									
			9							4				
			4		7			5	3					
			2	1	3		4	8	5			3	2	1
							7	1	4		2			
											1	6		
						1	9				4		3	
													7	5
								2		4	6			3
						4	3		7				1	
														2

Puzzle - 153 Difficult Triples

			9				1							
		8												
	9	3			8									
			6	1		9	2	5						
	1				5	7								
2							6	1						
	4					1								
					7									
							4		8	6				
				6						5				
				8		7		3						
			2		9									
						9							2	
			5	7										4
									1			3	8	
						2			6					
						7	6			8		4		
							1	3	7		2	5		
												8		
									8					

Puzzle - 154 Difficult Triples

			7	4		1								
				2										
3				8			7							
			1		4		6							
6				9		7								
		2					5							
	5			7							6			
7									1					
	4	9							4					
					4									
						5	3			4				
				9	8		6	4	3		1			
													2	
					3					8			9	
			6					3						4
									3				4	8
												3		
						3			4	2			6	
						9			7					
						6								2
									5		1			6

Puzzle - 155 Difficult Triples

	9	7		5										
				3			8	5						
			2			3	4							
7		4				1								
9														
		5					2	6						
		9									3			
	5	2			9									
							9							
											1			
					8		1	5			6			
				3		7			8	9				
					3							6		
			2			8								
					4					1	9	4		5
						6	1	3				5		4
											7			
								4	6	5				
							6							
									8					3
												7		2

Puzzle - 156 Difficult Triples

8			1		9									
1		6												
		7												
					6		8	7						
			5					1						
		2	8	7			9							
										9				
							7			5				
			2		4					6				
					2	3	8							
					3	5								
								4	9		3			
							3	9	6			4		
												9		
			3			7							6	
						2	8	1		6			7	
									7					
												8		
							2	4				7	8	1
								6				2		
						9					8		4	6

Puzzle - 157 Difficult Triples

				2				7						
			6		7									
	3	7						4						
	8	3						6						
1			5	8	3									
4	2						3	8						
						6	7			2				
		8							1					
					2			1	5					
			6				2		8					
			3											
					4					1				
							6				8		7	
						1						8		4
			9	2										
								6	8			9		
						2	9							6
							1			4	9	5		
						3	7		9	8				
								5					6	
										2		3		

Puzzle - 158 Difficult Triples

7		5												
	2			6	5			3						
3	1		8		2									
							7							
			2		1									
5		1	6				9	8						
		4	5											
						8								
	3			1										
			4	3										
				6	9	3			2					
				5				6			4			
			9			1								8
							8	2			3			
									6				3	
											5		4	
									1					
											4			6
							9		2			7		
						7		8		5			2	
						2				9		8	1	

Puzzle - 159 Difficult Triples

				7										
1			6		9			4						
6	9	5	2		3	1								
		8				3								
5	1			2		4								
		6	7											
				9										
					1		8							
	8	9									3			
			2		5									
					8	3	1	9	5					
											6			
				4		1				6				4
										5				
							7							
						2				1		3		
						3	1	4			7	2	8	
						6							1	
								3				7		
						7				2		4	9	5

Puzzle - 160 Difficult Triples

1			9											
	8	6	7											
		2					6							
4	1	9					2							
	7							1						
		8												
									1		5			
9			3			6				4				
											4			
					6		3	2						
				5			7	9						
					5			4	6					
			9		1			3						
				8	4		6		7			4		
									3					
						4						7	8	
							8				2	6		
						5					1			
									5			9		4
														7

Puzzle - 161 Difficult Triples

	9	6												
	1			5	7		4							
			1											
8			9			1		4						
					2	3								
		4		6		5								
	7	3				9			3					
	5		2	3										
	8													
					3					5				
							1				3			
				2					1					
					8								5	7
			9		2									4
			3											
								8	1			9		
						7		2					1	
								3			7			5
						9	3				5			
											3			6
							5			6		7		9

Puzzle - 162 Difficult Triples

9			1				3	6						
1		2						7						
6	3			4	9									
3	2					8								
						6		9						
4														
8		6							9	6				
			8							3				
					9									
			3	5	2	7								
				7	8	1	4				5			
				8		2							8	5
												9	1	
				6										
							9				7		5	6
											3		9	1
						3			5					
						5	7			3			4	9
						6	8					1	3	

Puzzle - 163 Difficult Triples

	7	4												
	3			9	5		8							
			3											
6			7			3		8						
					1	2								
		8		4		9								
	5	2				7			2					
	9		1	2										
	6													
					2					9				
							3				2			
				1					3					
					6								9	5
			7		1									8
			2											
								6	3			7		
						5		1					3	
								2			5			9
						7	2				9			
											2			4
							9			4		5		7

Puzzle - 164 Difficult Triples

1			2				7	3						
2		6						4						
3	7			8	1									
7	6					5								
						3		1						
8														
5		3							1	3				
			5							7				
					1									
			7	9	6	4								
				4	5	2	8				9			
				5		6							5	9
												1	2	
				3										
							1				4		9	3
											7		1	2
						7			9					
						9	4			7			8	1
						3	5					2	7	

Puzzle - 165 Difficult Triples

6			1			4								
		8	6	2										
9														
1	9		5	6										
		5												
	7	2					9							
7						8								
								6	9	8				
					5									
			4				1		5	2				
				8				2						
					3	7								
			2											4
											7		5	1
			3							1				
							4			6				
							1						7	
								6			5			
						8		5	3					
							3	1				6		
							6		7				8	

Puzzle - 166 Hard Triples

8		1		7	5			4						
3	9	7												
			8											
		5			7	9		1						
				2			8							
	3								2		1	6	4	
	6			9					6					
				1	4						4		7	
									8					
							3	6		4				
							9			3	6			
									5	9			2	1
	1								7	1	8			
				6										5
2	6													
8			5					4						
			7	9		8								
9	4							2						
				7	1			8						
1	2						7							

Puzzle - 167 Hard Triples

				9			6							
9		6	3		7	2								
8		4												
	3	2					7							
						6		9						
		8			4									
	8	9		3	2	4	5			2				
									4				9	
3			7		6				3	1		6		
												2	3	
							3		9	4				
														8
8			5					7		9		5		4
6				8		5							6	
1			9							3				
	7													
	3	8					1							
9				5				3						
								9						
			1	2	7									
		1		6				5						

Puzzle - 168 Hard Triples

6	3		5					2						
					1									
	1		6	4										
2						7		5						
3		4					9							
	5	7			8		6	1						
		9	8	3						9				2
	2	3	4			9	1				2			
5	4				7					6	5		1	
						7	9							
									5					
							6	1		2				4
	9			2						7				
			5						8				2	
	5		1				8	6		1		7		
	2		6	1		7								
	1			8										
6					3			2						
					2	9	3							
5							2							
4	3			6				7						

Puzzle - 169 Hard Triples

8				5										
3		7	1	8	9			5						
	1						3	6						
7				6		3	9							
				4										
	3	6				2	1							
	2		5						1	4				
6		8	4		2								4	6
								2				7		
									3				6	
						2		6			4	8		3
							3		2					
	2			6						6		3		
8							6			2			8	5
7		6	4					8			5		7	
					2		9							
	7		3					2						
				7	4	1								
9	8			4	6	2	3	5						
	4	5				7		9						
2	1		9	5		8	4							

Puzzle - 170 Hard Triples

	4	7				9								
				4			2							
1			2											
	5					4								
					3		9	8						
			6			5								
4				9	8				1		9			
5					2		4				6			
3			1					9	2	4				
												6	2	
						5					8			7
									6	9		8		
				3					9		4		6	
2				8			3	5				1		
					1						1		7	
8		7						1						
		2	7				5							
9	3	4				7								
					2									
				6				3						
3	8	9		1		5	6							

Puzzle - 171 Hard Triples

			3				6							
	6		4					3						
				7		8								
1	5	4												
					7									
		6		1		2								
		8			5						7		6	
4			8				9				1			8
	2	7							4	2			1	
												1	2	5
							4	8		5				
5				8	2								8	
7		2	4					6		7				
	4		7							6				9
			5	4										
1						2		5						
		4	1											
	2				7									
		6					3							
		5		6	9		8	7						

Puzzle - 172 Hard Triples

					3	1		7						
					4			9						
6			5	8				4						
	4													
								6						
1			7		8	9	4							
	5	9	6					1				7		
	6	1								2				
	2		1											4
								4	7					
										4			9	
											5		7	1
		3		6						3				
8				7	2	6				9	8			
		6								7		1	6	
9						5								
							2	8						
				5	1									
			3	8		1								
5			9	1	7	4								

Puzzle - 173 Hard Triples

	5			7				2						
7			9			8		5						
	2	4												
1		2	3											
		5	4			3								
8					1		6							
					5				8		2	3		9
		1		6		9		3						8
							6	9			7	4	2	
						7		8						3
					3			1				2		
			7						4	9		8		7
	5			6									9	6
			3			5		4						
8					5									
				2				6						
			8		6	2								
		8		9				5						
	4	6		1										

Puzzle - 174 Hard Triples

			5		8		9							
5	6	2												
			2											
	1	5	7					6						
		9	3					7						
					2	1		5						
	8				6						9	7	4	
2							4							1
	4							8						
						4		7		6		5		8
									4					
											1			
9			8	5							5	4	2	
		3			6	1							8	
					3						2	3		
3								1						
	9			3	1		2							
	2		5				7							
		4	3	6										
							4	9						
6				2				7						

Puzzle - 175 Hard Triples

		7				5								
					2		3							
	6							1						
8				1				9						
	9			2		8	5	6						
2			9	4										
		8												4
				6									8	
	4		1						2		7			1
								7	3					9
								4		7		6		
						6			1					
9					8									
2	7				6		4			9				
			1		5	7				5			3	
			3	9										
6					7									
		3					2							
4														
		1					8	9						
7		9					6	5						

Puzzle - 176 Hard Triples

		5						2						
4						5								
	2	7				9	6	1						
		2												
8	9		7											
		4		9	6									
			3	2					8					
	4	6	9				5		6	2		9		
		1	6	4	7	2				3			7	
									1	8		3		4
										5		2	6	1
							6	1	9					
				3	5				2	1		7		3
			4		1					6	9	4		
6	4			2			3							9
		3				9								
	5	7		8				3						
4														
	2	1				3	5							
3		5		9			4							
7			1			2								

Puzzle - 177 Hard Triples

<table>
<tr><td>9</td><td>7</td><td></td><td></td><td></td><td>2</td><td></td><td></td><td></td><td></td><td></td><td></td><td></td><td></td><td></td></tr>
<tr><td></td><td></td><td></td><td></td><td>7</td><td></td><td>9</td><td></td><td></td><td></td><td></td><td></td><td></td><td></td><td></td></tr>
<tr><td>5</td><td>6</td><td></td><td></td><td></td><td></td><td></td><td></td><td>7</td><td></td><td></td><td></td><td></td><td></td><td></td></tr>
<tr><td>6</td><td>9</td><td></td><td>3</td><td></td><td></td><td></td><td></td><td></td><td></td><td></td><td></td><td></td><td></td><td></td></tr>
<tr><td></td><td></td><td></td><td></td><td>9</td><td>6</td><td></td><td>3</td><td></td><td></td><td></td><td></td><td></td><td></td><td></td></tr>
<tr><td></td><td></td><td></td><td></td><td></td><td>7</td><td>2</td><td></td><td></td><td></td><td></td><td></td><td></td><td></td><td></td></tr>
<tr><td></td><td></td><td></td><td></td><td>2</td><td>8</td><td>1</td><td></td><td>4</td><td></td><td></td><td></td><td>6</td><td></td><td>5</td></tr>
<tr><td></td><td></td><td>4</td><td>5</td><td></td><td></td><td></td><td></td><td></td><td></td><td>8</td><td></td><td></td><td></td><td></td></tr>
<tr><td></td><td></td><td></td><td>4</td><td></td><td></td><td></td><td></td><td></td><td></td><td></td><td>6</td><td></td><td></td><td>4</td></tr>
<tr><td></td><td></td><td></td><td></td><td></td><td></td><td></td><td>5</td><td></td><td>1</td><td>3</td><td></td><td></td><td>9</td><td></td></tr>
<tr><td></td><td></td><td></td><td></td><td></td><td></td><td></td><td></td><td></td><td></td><td></td><td></td><td></td><td></td><td></td></tr>
<tr><td></td><td></td><td></td><td></td><td></td><td></td><td></td><td></td><td></td><td></td><td></td><td></td><td></td><td>2</td><td></td></tr>
<tr><td></td><td></td><td>2</td><td></td><td>1</td><td></td><td></td><td></td><td></td><td>3</td><td></td><td></td><td></td><td></td><td></td></tr>
<tr><td></td><td>3</td><td></td><td></td><td></td><td></td><td></td><td></td><td></td><td></td><td>4</td><td></td><td>9</td><td></td><td></td></tr>
<tr><td></td><td></td><td></td><td></td><td></td><td>6</td><td></td><td></td><td></td><td></td><td>7</td><td>8</td><td></td><td></td><td>1</td></tr>
<tr><td>6</td><td></td><td>7</td><td></td><td></td><td></td><td>8</td><td></td><td></td><td></td><td></td><td></td><td></td><td></td><td></td></tr>
<tr><td></td><td></td><td></td><td></td><td></td><td></td><td>1</td><td></td><td>3</td><td></td><td></td><td></td><td></td><td></td><td></td></tr>
<tr><td></td><td>9</td><td></td><td></td><td>4</td><td>2</td><td></td><td>7</td><td></td><td></td><td></td><td></td><td></td><td></td><td></td></tr>
<tr><td></td><td></td><td></td><td></td><td>8</td><td>1</td><td>7</td><td></td><td></td><td></td><td></td><td></td><td></td><td></td><td></td></tr>
<tr><td>1</td><td></td><td>4</td><td>2</td><td></td><td></td><td></td><td></td><td></td><td></td><td></td><td></td><td></td><td></td><td></td></tr>
<tr><td>8</td><td>5</td><td></td><td></td><td>6</td><td>4</td><td>9</td><td></td><td></td><td></td><td></td><td></td><td></td><td></td><td></td></tr>
</table>

Puzzle - 178 Hard Triples

				1			2	7						
		6	8		5			4						
				4				9						
								6						
		2		8	7	4	9							
4														
6	2											3		
5	9				6			2	7					
3					2					4				
											9	4		
										2	7		5	
								4						7
		8	7	3			6					9	8	
	6								2		6	7		
	1		6									1		
			8		1		2							
		5	2	7	9		4							
			5	2										
		9					5							
						3		8						

Puzzle - 179 Hard Triples

2	7							5						
						8								
	3		8				9	7						
		7		6										
			2	7	3		4							
					9	5								
		2	7				5		3				6	
3	1							9	8					
			9											
										6		9		
										3	8	7	2	
								7	4					
		3		8							5	8		1
	5			3		8			7					6
7							3							4
							4							
		9	5	1		2								
3					2									
		2	1				8							
	4		8		7									
5							1							

Puzzle - 180 Hard Triples

	8		2	9	1			5						
								4						
	7	1			6									
	1		8		4									
				7										
		2	9			7								
2				6		8					5			
		7			5							1		
	4								6					
								6	3		9	5		
							1						9	2
												4		
	3													
		1		5	7	3				6			7	
		9	8							9	1	3		
2	6						4							
		5			2		7	8						
			3											
		8			3			1						
	9				8									
		2	7	9										

Puzzle - 181 Advanced Triples

		9						4						
	4		6	9		8		1						
8	3		1			6								
			4			2								
				5										
			3			4		9						
	8								5					
	2	7		6						6				
			9			1		8						
						6		5		9		4		
												3	7	5
														9
					1				7	4		5		
4				8				7	8					3
				2	7				9			7	2	
1		7		3										
	6	5	2											
9						3								
	4		5			8								
6	5			9	3		1							

Puzzle - 182 Advanced Triples

	1				9	7								
6				3	8									
			7											
	6			5										
8			9	6	1			4						
								3						
		1	5			8						4		
	7			4							6			
3													5	
							6		9	1				
											3			
								5			4	9	2	
	6		4	7		2		9	7					5
2														
	9										2	6		9
5		1					3							
	4			1			7	8						
					2									
	1		9		7									
	8			2				6						
9				8										

Puzzle - 183 Advanced Triples

6				3	8		9	5						
		8												
1				5										
			2											
8	1		4					3						
2		9				5								
3					7		4		1				3	
		6	5	8	2	9		1						
										5		9	6	
						5					6	7		1
						3		9	8					
6		7			2	1								6
4		9			7			2					1	
					9						2			
					1									
	3													
			2	7			6							
3			4	1		8								
2	8	4	7				1							
								7						

Puzzle - 184 Advanced Triples

	1		6			2								
4	6					3	7	1						
	7													
		2			7	9		6						
1					6	8								
	3		9		5	6		8			7			
		5	1	6			9				3	5		
				7	4				2		6			7
							2	5				6		
							8							
							6					9	3	
				5	8	2				9				4
								9				2		8
	7				1	8	3				2		5	
2	4					9	6							
		6			2		4							
3		7	6		5	1	2							
4		1	2					7						
		3			7		8							
					4	3								

Puzzle - 185 Advanced Triples

		8			7	5	9							
	9	2		8										
			5					3						
4				1			5							
1								8						
				6		7								
7		5			8		6			4	8			
			2		6				3	1	6			
	4													
											2	7		
											9			8
							5	7	6				3	
4		8											5	4
	7				3						7			2
9														
					8	1	4							
		4	5	7			8							
				9		3								
		6		4	7			3						
3	4					6								
		2		8										

Puzzle - 186 Advanced Triples

	8		9		7									
2		9												
			1											
4	2	7												
					8		9							
	3		6		4		5							
					9					8				
		1	4					2	7				1	4
					6		8		3				7	
									5	4		1	2	
								9			3	4		7
											9			
9						6		8						
8	6				1		5							
	5			6						7				6
7					8									
1			2											
			5	9		4								
	9						1							
4		8			5			3						
				7										

Puzzle - 187 Advanced Triples

3		5		6										
						5								
2		1	5					3						
				3		6								
				2	5		7							
5		2	7											
				4	6	9		8					2	1
	8		1							4				
			8		2						2			8
							1		9	7		5		
												6		
7										8			5	
				2			7			3	4			9
	6				9				7					
1		4		8	2	5								
	8	9	6											
				9	4	3								
	3	2				4								
						9		7						
5				6	8									

Puzzle - 188 Advanced Triples

			8	2				6						
					7		8							
	5			1			9							
	3						6	4						
5	2		7	9										
		4		6		5		9						
4												5		2
					8		4			5		1		
7					1	6								
								5		4	1			
							8		7					
									6	3				8
					9					1				
			7				6		3					7
		7								6				
			8		6	1								
	2				5									
		8						2						
	9		4											
3		2		7										
	6				1		4							

Puzzle - 189 Advanced Triples

7	2	4												
	3		6		4			5						
					8			9						
			1											
	8		9		7									
9		2												
					6			8		7		3		
1			4			2				1	4	7		
					9								8	
						9			4		7			3
									1	2		5	4	
														9
	6	8			1			5						
		9				8	6							
	5			6							6		7	
		7			8									
		1	2											
			5	9			4							
	9							1						
8		4			5	3								
				7										

Puzzle - 190 Advanced Triples

			4				2	7						
	6			9										
4				2	8			6						
			2			3	4							
	7			8		2	5							
	1													
6			3									4	1	
1				7	9				7					
								3		8				
											7	2		
						3		7	2					1
												3		
9			3							2			7	
				9					6	1	9		3	
					7			9			8			6
	1	7		5				6						
			1			8		5						
5	6		4	3										
	8	1				4								
			8					3						
		3					5							

Puzzle - 191 Advanced Triples

		1												
8	4			7	1		3							
				5	9									
5				9										
			4	3										
					5	1	7							
		4		1				6			3			
												1		
7	8				4					4	2			7
							2	4		1	5			
													9	
														3
	6				9	8							5	6
		9			7		6					7		4
3	1				2						4			
			8				1							
	8		4			3		2						
					1	4								
		3						9						
		7		2		6								
6			7											

Puzzle - 192 Advanced Triples

7						2								
	3			7		5		9						
	2		9	8		6	3							
5		3	1											
	9							2						
4			5	3										
	5		8	9						8		1		6
8					4								4	8
												5		
											7		1	
						2	7		6					9
9					2			7		9		6	8	
7			3				8		7					
		4	7						4			7		1
8				5	3									
	7		2		4	9								
		3					6							
			6			2								
5				1	7									
		8												

Puzzle - 193 Advanced Triples

2					9									
		9	5	3		2		7						
1			7	4		5								
	6		8				9							
		8			6									
	9	5												
			2						9			4	6	
								1			7			
					3						5			1
										5	6			2
						3			8					4
										3	2			
			3	8										
	1							7	1	9		3		
5			2		1		3							9
		9		1										
	6		4											
		7			3	5	4							
			1	7			5	9						
						8								
	9			2										

Puzzle - 194 Advanced Triples

6					3	7	2							
	2				7	1	5	4						
	4	9												
5			7					2						
			3	8			7							
	3			2	5									
9											9		5	
	1		2		9									2
2				6				5		7				
						4			7					
							5				6	1		
												6	4	
			4								5			9
		4	2		1				8					6
	1				9					1				5
1	9			3										
	6					1	3							
								7						
							6							
4	5	7		6				3						
	8				3		1							

Puzzle - 195 Advanced Triples

	5	2						9						
		3	8			6								
4						5								
	4	6	2		8									
		9		7			8	6						
			1			9		7						
5						7				3				8
3					4		9							
					7					8	2			
								8				3		7
						5							4	
											5		9	1
				4										9
6														3
	4					9					4		1	
8			2											
				5				2						
9	5						3							
		4		2	1									
	7		6											
3			9			7								

Puzzle - 196 Advanced Triples

7		1		8			2							
9														
	2	6		3		1	5							
			9											
		3		2				1						
	8			7			6							
	4									7				
			8	6	1						6		2	
					3						4			
								9		4			8	
						7			8					
								2	1				3	4
	7	8							7	3		6		
				8										1
			1	5	6									
		4		1			3							
	8			7			9							
3		2	9		4	7								
5	2													
		7			5	8								
	3					6								

Puzzle - 197 Advanced Triples

	5	7				2		3						
	6	3						7						
8	4	2		3	5									
	7		3	9				1						
6	3													
		8		2										
	1				8					4			6	
				7				8						
	8	9	1		2	6				3				
						2		7		8				
						8		5	2		9		4	
							4			7			2	
			9		8		2	3				7		
4		8		7	1			9	1					
			4	6							4		5	2
8		6												
9			3		4	1		6						
			6	9										
	6			3				2						
2				4										
			8	2		3	9							

Puzzle - 198 Advanced Triples

		5					6							
			9			2								
				3				8						
1	7				5									
	2				4	1								
	5		1			9	8	4						
2			7						5		3			2
				4										7
	9											4		
								9	2					
						7				3			9	
						3			6					1
		9	3		5					1				
2		8						3		8		6		
		4			1									
6	1													
		3			9									
				6			5							
				2		1	4							
				1	3	8	9							
					7									

Puzzle - 199 Advanced Triples

7	4							5						
		3		8		7		4						
		5		7	9		2							
	3		5	2				8						
5		4	6											
					8									
2								7						6
							3							
3				4				2			3		8	
							8						9	
								6			5			4
									7				3	
				5		7						2		
		1	4	8					4			8		3
		6					2		8					9
			8					6						
9							3	1						
	3		5		9									
8			2		4									
		9						7						
1	6			7			8							

Puzzle - 200 Advanced Triples

			8											
5	8				2			1						
4	7	9	5											
2					4		9	5						
				6		8								
		7								3	1		6	5
		3		9									3	
				5	1						4			1
													8	
						7		3				1		
						9						7		3
									5		6	9	2	
		5											4	8
				3					2					
	6	3												
	8		2					1						
			4	9			8							
				4	5			8						
	5	6				4								
	9	1						6						

Puzzle - 201 Advanced Triples

3					2	1	4	6						
1		2				9								
4			3					2						
	2					8	7							
9		6		8		4		3						
7	4							9						
	7		8	3					6		5	8	3	
	3		6		9	7			8		3	4		
		9	4		1				1	4	9	5		
									2			9	8	
									4					2
							8						5	
		7			1	8				1		6		5
8				7					5			7		3
2										6				
3		9	4				6	8						
	5	2												
					7			1						
4	3			8			9	2						
			1		3									
9		5	7				1							

Puzzle - 202 Advanced Triples

5	4			6			7							
	3				8		4	1						
					2	6								
		6		7	3	4		2						
				4										
						1	8							
		3						6		7				
2			5									8		1
		9								3				
										6	5			
										8			2	3
						9	7			2		6		
9				5					6			4		9
	2		6											
		3		4							7			
1					5			3						
		7		2										
3					1		2							
			2				6							
		4		7				1						
		1		8	6	3		4						

Puzzle - 203 Advanced Triples

		6												
3					2	4								
					4	7	9							
5	9	1	4			8								
					9									
7							5							
				2			3						7	
	6	3		8	7								8	
	1	8					7							6
						9		4		7				
								6	8	9		3		
									1					8
			1	8	5					5		4	3	
		6	4							6				
7				3										
6		4			2			8						
2			7					9						
			9	6		3		4						
4														
		9	8											
	2													

Puzzle - 204 Advanced Triples

	6	7												
		2				8								
		8		3			1							
		3		6		9	2	5						
				7										
		9			3	6		8						
6	3		8	4								1		8
	8		1	5								5		7
													3	
							7			9				
							4			7				6
		3			9						1	9		
	1		7								9		1	
	8					7				5			6	2
	5													
			1			9								
3		2		7		1								
		5	2											
		4			6	3								
	9						8							

Puzzle - 205 Advanced Triples

				4				7						
1	4		7				3	9						
9			6		3		1							
	8						6							
6							7	4						
7								8						
			3						4	8				
	1		5	2							1			
4							9	3		7				
							1				4			7
												2		6
													4	
		9								2	7			8
	3									3			6	
	5	2							6			5		2
8			7				3							
	4	6			1	9								
			9		4		6							
	6			2	9									
			4											
5				8										

Puzzle - 206 Advanced Triples

			9		2			1						
			7			3	2							
	3			4	1	9		8						
		8			9			7						
				7	6	1								
7					8	6	9	4						
1		4	8			2			8	3			9	
6		9		1					1	6	9		5	
	8	3	2						5	4			3	8
							3							5
										7			1	3
										9		7		
	2				3					5		8	2	
					7						4			
6				2		3					6	5	4	
		9		1	8		4	3						
			5	7										
2								6						
	3		8		9		1	7						
		2		5	1		6							
8		6												

Puzzle - 207 Advanced Triples

		1	7		4	5	8							
	6			2			4							
		4	3		1		6	7						
5			1	9			2							
				7	3									
				8				5						
						3	1	9	2		8			
			6				5							
	5	3			8	2							8	9
											7	6		8
						7			6	4			2	
							6		8	2				
		1		7	5		4						7	2
5				4				1		6				
			1					7	3				9	
7		5			6									
		4	7	5		2	1							
	8		3	1	4		5	6						
	6			2		4								
		7		8										
4	5		6		7									

Puzzle - 208 Advanced Triples

		8												
	1			5										
	6			3	8	9		5						
1	8		4					3						
			2											
	2	9					5							
	3				7	4			1					3
		6	5	8	2		9	1						
							3	9	8					
							5				6	1	7	
										5			9	6
					9						2			
	4	9			7			2						1
	6	7			2		1					6		
8	2	4	7			1								
	3		4	1			8							
								7						
3														
					1									
			2	7		6								

Puzzle - 209 Advanced Triples

						8								
			2					6						
	2	8		7										
			1		5			7						
	6	4			7	2								
	5		8	2										
3	7			5		1	6			4	9			
	4	5						9	2		5			
	9								6					
							5			2		4		
						9						5		
														7
					7				3			1		8
					6						6			
			9	4							7		4	
	7		3	2										
		6			5	9		2						
1														
		3						4						
4			8	3			5							
6	9	1					8							

Puzzle - 210 Advanced Triples

7		4	2					5						
			7		1									
		6		3										
	9	7	8	6	3									
			1	7				2						
			9	2		6		7						
5	6		3	4		1				7				
		2						3						
	3		5							8		1		
						6		2		3				
						3		9	6		4	8		
							8			2		6		
4	3						6	7					2	
	5	2		3	8			4	5					
8		1									8	9		6
7	8				4	5		1						
1		4												
				1	3									
		7	1					6						
		8			6									
3		6				7	4							

Puzzle - 211 Difficult Triples

	8		6	3		5								
					5		4	3						
		6			9		7	8						
			2	8	3									
							2	4						
	1		7											
		7		9			1				4			
	3					2							3	
1					2			7				2		
								3		1			6	
										3			5	8
						7						9		
1												3		
	8			5		6		2			9	8		1
	5				9					7				
9		5		7		4								
		4		8				3						
			3		5									
7				2	3			6						
							2							
		1	4				8							

Puzzle - 212 Difficult Triples

4			1					5						
	5					8	4	2						
9			7		5									
		3					8							
	2			5		9		1						
				9		6								
			2										4	
				8					9	7		8		1
		4												7
								7		3				
									6	2				5
							2		1					
5				4				2						
9	3			2		7				5				
				8	1		3			8			6	
						9								
		3	5		6									
2				3		8								
		5			9	2								
		1				4		5						
7														

Puzzle - 213 Difficult Triples

						8								
	8	3		1		5								
				7			3							
				3			1							
2			9			3	5							
6			1					8						
4				8		1						2	4	
		8						5			6			
1	7	5							5					
						4	9							
							5				4		1	
								7				9		
1				3							5		9	
	5								6		8			
					1		4		7			1		
	4	3					7							
			3	8	5									
	6				4									
2														
	8			5			9	6						
				1		8		3						

Puzzle - 214 Difficult Triples

								7						
							5							
	1	5	2				4							
					9		6							
	2	9				1								
8					4	3								
5				8							6			9
		8		1								7		1
	7			6							7			
						2	8			6				5
									3					
								4		8		2		6
5		7											2	
	4			7				5				6	7	
	1				4								1	
				3	8	9	2							
					1			8						
					2									
		2	8		5			3						
7														
9				4		6								

Puzzle - 215 Difficult Triples

		1	3	5										
6			8					9						
	9					5								
		7	5				8							
8	3		9	4				1						
			6				4							
	5				1				3		2	1		
						3	2							
3			2						7		9	2		
							6							
										3			4	
								8		2	4		7	
	3			4	1				8	4		7		
		1		6					9					
	5				9				2		5			3
			5				7							
				3	2									
			9		8	2		5						
		8		9										
7			6				9							
	1						3							

Puzzle - 216 Difficult Triples

				5	2	3	7							
3	1			7		6								
		5												
	3	1	6		8		5	2						
								3						
						1	8							
	9										8	2		3
		3	7	1						5				
					4						9			
						9					1		4	6
													7	
	4		3		5					3		5		1
		3					8			9		7		
6								3			5		8	
	2			9	1									
	7							1						
		6			8									
3	8	4	9		7									
5	9	1		8			7							

Puzzle - 217 Difficult Triples

	3		5		8	1	7							
1					3			2						
8			2											
7	1	3				4		9						
				3										
		5			2		6							
							9		5					3
			7									8		1
	4			1		2					3	6	9	
														7
										8	9		1	
								8						
5	3				9					5		4		8
				1	3							1		
					6		4						6	
	2						7	8						
			9		1									
	8			7		9	5							
	6	3					8	5						
		4			8	6	9							
		5				4								

Puzzle - 218 Difficult Triples

					8		4	6						
3			9	7		2								
1														
	4			9										
	2	7		5		4		8						
					7									
	7	1			5		8		3			4		
		6		2				3			2	9	8	
						6				8	5		4	
										6				5
												7		
		1		5	6									
		8		7					7	2				1
		6		3	8	1	5				9			
						6								
3	9						7							
6			7	1	3									
		9												
			2											
1	6					7		5						

Puzzle - 219 Difficult Triples

	8	3		4	9									
				6			8							
	7				3		4	5						
	5		9					6						
		7	6		1	4	5							
9								2						
					4				1					
6							9			8	3		6	
8	9			7			3		6	7			9	8
						4	5	9			6		8	
										4	7			
							1	7				5	4	
							7							4
				3	5									
									9	3				
3	7			5	6	8								
		2	8	9		6								
6		4						9						
	9	6	2	4										
8		1												
	5		1			2		8						

Puzzle - 220 Difficult Triples

6	7	3		8										
		8	3											
		5		7	9	3	8							
5					3	6	2							
	2	6				7								
7			4		2			9						
								5						
	5	7			6	9					5		3	
	9					2								8
										2			5	
						6		3	5				4	
						8	5				7			6
8		3				5		9		3				
1			9	6	3		8			6		3		5
					7		2			5		9		
4						2								
	1	8		4	2			3						
	3		6	9				8						
	4					1		5						
				3		8								
		5	4	7										

Puzzle - 221 Difficult Triples

5							8							
4	7							9						
		9	7		4									
							7							
		7	4		3	5								
8			5		7									
		3		2									6	
	4	2								2				4
6	8					2			4	3				
								3			7	1	9	
											8			
	1			8								9		
			9						7				2	
4								9		1			5	6
						9	1							
8	2		7					5						
				5	4		6							
1	6						5							
		8		2	1									
2	4		3		6		7							

Puzzle - 222 Difficult Triples

9		4	3				8	1						
						5		7						
		1				3								
		3		1	2	4								
5		2		9		1								
8		7						3						
	2				8					5	7			
			6									9		
			9				3					4		
									8		9	5		
												3	2	
						4		6		3		8		
		1	9										4	
		2		1	6					1	6			3
	3			8										
	8					3								
		4	1				7							
3		5	7				1	9						
7					9	8								
2					7		9							
		8	4											

Puzzle - 223 Difficult Triples

			9	1	4	2		6						
4														
		3			7		8							
	3		5											
		4	1			3								
	7	5		4			9	1						
1				6				3	8		2		4	
							2			4		7		
	9								5	1				
											1		5	2
						5								
										9				
1		4							1					
		2	7	4					6	5			7	
		8					6				8			
	2	1												
				3		5	9							
9				5			7	2						
					7			6						
		5			6		2	8						
				8	4	7	5							

Puzzle - 224 Difficult Triples

		1	9				8	6						
6					3	2								
		4	8											
	4	9			6	7								
				5			2	4						
5			7				6	1						
					7					5				
					1				8		7			4
		3		2			7	8		9	6			
						9								
						2		7	9	4				5
							5	6			8			
	1			2						7	2		3	
9								3	4					
			5						6		5	9	7	
6					1									
				4				2						
			8				1							
		6		7				1						
	9	2		3	4									
	3		6		2		4							

Puzzle - 225 Difficult Triples

2				3				
3	4	5	8					1
								7
		4		5		9		
7		8	3					
	9		1					
	2		6		5			
1				9				
			7					

					1			
								3
	3					4	5	2
					2			7
		2		6	4			1
			4					6
			2		7	9		

			6					
3				4				
9	1			3				
	4	9		5			6	
				8				3
8			4					9
		6						
	8		2				7	6
5				1			9	8

Puzzle - 226 Difficult Triples

	9	5												
				9	5			2						
		1	4				5	3						
						7		5						
							8							
9				2	8		1							
	4		8						5					6
	2				4		9				7			
	6			7							3			7
							4	9	8				6	
						1					9		4	
							6					3		
	7			1						7	6			
			8		7					9				
		1		2						2				
	1		5					6						
4				6	9									
			7											
	3	4	6	8			9							
		9												
		2				4		3						

Puzzle - 227 Difficult Triples

	8	4	9			5								
	2		4	8				6						
	7													
2			6	3	8			4						
				7	9	3		5						
		8												
			7		1				7					1
8				6									7	3
6											4			
										6				5
								6			8	4		
						5	8			2	3			
	6			2				8				1		
1	7		5							5		7		
			4									2		9
4			8		6	9								
							4							
2				4			5	6						
		5	9	3			8							
	1	3				5								
			6	5										

Puzzle - 228 Difficult Triples

		9	7		5									
		4	1			5								
5						2	8	4						
				9			6							
2				5		1	9							
	3							8						
				8					8		1		9	7
	4										7			
			2							4				
											5		6	2
								2					1	
						7								3
		5		4		2								
3		9		2			7							5
				8	1			3		6				8
							9							
	3		5		6									
		2		3			8							
	5				9		2							
	1					5	4							
		7												

Puzzle - 229 Difficult Triples

	4			7										
	9		5		3	7	4							
3	7	2			4									
		3	6	8				5						
		9	7			2	6							
6	2					3								
								9						
9	3		2			5				7		9		
5						6					4			
										9			6	
						2		7		8				9
						4	9				2	3		
			3				6		5				9	
		1	7	5	2		4		7		9		2	
	7	4				9		5					7	
8						1		9						
					7	4								
	9			8	3									
1	4		6		8			7						
7				2	5			4						
		8				6								

Puzzle - 230 Difficult Triples

4			3											
				2	6			5						
	2					4								
		1				5	7							
				9				2						
8								9						
3			1				5			4	2			
	5	7	2						5	3				
		4	9						8					
								9	7					6
												8	4	
										8	5	7		
	1								2	5			8	
	7		4			1	9					3		
		3							3				6	
	8						1							
	3		1	7	5	8		9						
		4												
			5	1	2			6						
6					4	9								
			7		6		3							

Puzzle - 231 Difficult Triples

6	1				3									
				9			8	1						
		9	4				3	7						
1		2	5											
7			6				5	3						
		3			2	8								
2				8			4	5				6	3	
					4							9		
					7				1	3			4	5
						6								
						8		4	9			1		6
							9	3					5	
		6			5			2						1
			9					1		6	4		9	3
	7			8								4	8	
			3		8		1							
3				4				7						
8	6			2	1									
				1				8						
			5				7	6						
		3			7									

Puzzle - 232 Difficult Triples

		8			6	9								
					7	5								
9	4		5		1		2							
	1							6						
7					9		1							
		2	6		4									
	6			2						2		3	4	
						3		4						
4					3					3		1	8	
							9				8	5		3
						7								
											5			4
	6			1					4			6	3	
		2	7										1	
	4		5	2						8			9	5
					6	8								
			4	3										
				9	1		6	3						
8					7	1								
	2					4								
		9	1											

Puzzle - 233 Difficult Triples

		9		7		4		1						
	2	8					3	7						
				3	4			2						
	3		1		9									
			5				9	8						
						6								
5	8	2	7	1			4			6	8	2	1	
		4								5		4	3	9
	7	3	4			2	1	5						
						7				9	6		4	8
									4	2				
							5		8		1		2	
					9		2	1		7	5	3		4
	1	2		8				7		8	3	6		1
7				6	1					1				
				3	8		6	2						
3		1		7	6		5							
	5													
2			8			9	4							
4	8		9				1							
		9	6		4									

Puzzle - 234 Difficult Triples

	2	7		4	3	9								
	5	1												
			7											
		5				2		7						
	1				5									
4	9													
	7		4				6			9				
									5					7
		4		3	2				4	8			2	
								7				1		
						8	4		7	5				
													9	
		2	1			6							4	2
		8		7						4				
		1		6				3				5	6	
		7						4						
4	1			3			8	9						
3						7								
	8		2					6						
2					6									
			9				1							

Puzzle - 235 Difficult Triples

	7		1	6		9								
							3	5						
						6								
9					2	3	8							
3		7												
			7	3			1							
		4	5								8			5
		1		2		7					5			
		2			6				3					4
								9			7		2	
						2	7		6				4	
						4						8		
				5	6					7				
		5	9							5	4			
9			1							1				
					5									
		9			3		4							
	2		4	7										
7														
1							8	2						
2		8	6		4	7								

Puzzle - 236 Difficult Triples

8		5						2						
		6					9							
	2		8		5									
6							8							
	8		5		4	6								
4		9	6		8									
	4			3							7			8
	3								5					3
		7				3	1				9			4
													9	
								4		1	2		8	
1				9						2				
			2								3			
		5						2	7		6		5	1
7		1					6							
5		3	4		7		8							
	9			3	1									
						2	1							
3		9	8											
				6	5		7							

Puzzle - 237 Difficult Triples

	4					1								
2				3		6		4						
1				7			9							
								9						
	1		9		4			6						
	8					4								
					9		6			7				
			8	1	6						6			
	9			5				1					3	5
						6				5				1
							8						2	
						2		5						
		1				5					8		1	
	4			1						6				2
			6							9	7			
	6		9			2	7							
	1						4	9						
				3										
			5		4	8								
4	9	6												
		5	7											

Puzzle - 238 Difficult Triples

	9				8									
			7	3		5								
7							9							
		6					5	4						
			1			7								
	2					1								
		9			1									2
5		4			7								8	5
	8				6			5				7	9	
										9	2			
						1			3					4
											4	5	2	
		8								3				8
4					9		6	1			8			
6										2			5	7
8			4	5	6	1	2							
		9												
2								6						
			6	7	5	3								
				3	4			8						
	3			9			1							

Puzzle - 239 Difficult Triples

	3			7		4								
			9											
			6		8			7						
3				2		9								
	8				3	1								
			5				7							
			7										5	3
4	6							3		2			9	
		8			5						9	6		
						2		5		6		9	7	
									5		7			
4											5	4		
				5	3			7		3		5		
		8	9								6		8	
1		6	2											
			6											
5			3	9	7		6							
3			1		4	5								
							7							
	9							8						

Puzzle - 240 Difficult Triples

	4			7				8						
			5		9	7								
		2	8				9							
5	6	4	9			3								
	9													
		1												
			3		7					8		2		
			6	4										
	7									2			5	
							9		1	6	7		8	
													3	9
						2	8			3				
	9								6			8	4	5
	1				3									
7		5	1		6				5				6	
2					8			3						
		8			5									
5		1	7					6						
	5	4		9			3	7						
				4		1		9						

SOLUTIONS

Thank you for considering our book, we strive to excel among the competition. Please share a review, we love feedback. Just scan the QR code.

Novice - Very Easy
(General Market Easy)
Beginner - Easy
Moderate - Medium
Difficult - Hard
Advanced - Very Hard
Proficient - Extreme
(1 below Mastery)

Stress Busters

Harmony & Peace

Positive Outlook

Pin Your Focus

Rebuild Resilience

Mindful Melody

Meticulous Mind

Analytical Mind

Deductive Mind

Tenacious Mind

Pattern Finders

Persistent Mind

Ingenious Mind

Solution - 1

5	2	7	8	9	6	1	3	4
4	8	3	7	5	1	2	6	9
1	6	9	2	4	3	8	5	7
2	5	4	3	1	8	7	9	6
7	9	6	4	2	5	3	8	1
3	1	8	6	7	9	4	2	5
6	7	2	5	3	4	9	1	8
9	3	5	1	8	7	6	4	2
8	4	1	9	6	2	5	7	3
4	8	3	2	7	9	1	6	5
2	1	9	8	5	6	4	3	7
7	5	6	3	4	1	2	8	9
5	9	8	4	1	3	7	2	6
3	6	4	7	2	5	8	9	1
1	2	7	6	9	8	3	5	4

Solution - 2

5	2	7	8	9	3	4	1	6
8	1	3	6	4	5	2	9	7
4	9	6	2	7	1	5	3	8
2	4	5	9	8	7	3	6	1
1	7	9	3	2	6	8	5	4
3	6	8	5	1	4	7	2	9
6	8	4	1	5	2	9	7	3
7	5	1	4	3	9	6	8	2
9	3	2	7	6	8	1	4	5
1	7	6	8	9	5	2	3	4
4	9	3	6	2	7	5	1	8
5	2	8	3	4	1	7	9	6
3	6	5	9	1	4	8	2	7
8	4	9	2	7	6	3	5	1
2	1	7	5	8	3	4	6	9

Solution - 3

8	3	1	7	9	4	5	6	2
4	7	2	5	6	3	8	1	9
9	6	5	8	1	2	7	4	3
6	4	9	1	7	5	2	3	8
5	2	7	3	8	6	4	9	1
3	1	8	2	4	9	6	7	5
2	5	6	4	3	1	9	8	7
7	9	3	6	2	8	1	5	4
1	8	4	9	5	7	3	2	6
6	2	9	1	4	5	8	7	3
8	1	7	3	9	6	2	4	5
3	4	5	8	7	2	6	9	1
9	3	8	7	6	4	5	1	2
4	6	2	5	1	9	7	3	8
5	7	1	2	8	3	4	6	9

Solution - 4

7	4	6	8	1	5	2	3	9
5	1	8	3	9	2	7	6	4
9	3	2	7	6	4	5	1	8
8	7	4	6	5	3	9	2	1
3	9	5	2	4	1	6	8	7
2	6	1	9	8	7	3	4	5
6	5	9	4	3	8	1	7	2
1	8	7	5	2	6	4	9	3
4	2	3	1	7	9	8	5	6
3	7	6	2	9	4	5	8	1
9	1	5	8	6	3	2	4	7
8	4	2	7	5	1	6	3	9
2	3	4	6	8	7	9	1	5
5	9	8	3	1	2	7	6	4
7	6	1	9	4	5	3	2	8

Solution - 5

1	5	3	4	7	2	8	6	9
2	4	9	6	5	8	3	7	1
8	6	7	9	3	1	2	4	5
4	1	5	7	2	6	9	3	8
6	3	8	5	4	9	1	2	7
9	7	2	8	1	3	4	5	6
3	8	4	1	6	7	5	9	2
7	2	1	3	9	5	6	8	4
5	9	6	2	8	4	7	1	3
1	7	9	6	2	3	8	4	5
6	5	8	4	7	9	2	3	1
2	4	3	5	1	8	9	6	7
4	6	7	9	5	1	3	2	8
9	1	5	8	3	2	4	7	6
8	3	2	7	4	6	1	5	9

Solution - 6

3	5	1	2	7	9	4	8	6
9	4	6	8	5	1	3	2	7
2	7	8	6	4	3	5	9	1
7	9	2	3	1	8	6	4	5
1	8	5	4	9	6	7	3	2
6	3	4	7	2	5	8	1	9
4	6	7	1	8	2	9	5	3
8	2	9	5	3	7	1	6	4
5	1	3	9	6	4	2	7	8
2	8	1	4	7	6	5	3	9
6	9	5	3	2	1	8	4	7
7	3	4	8	5	9	6	1	2
1	4	8	7	9	5	3	2	6
3	5	2	6	4	8	7	9	1
9	7	6	2	1	3	4	8	5

Solution - 7

5	7	8	9	1	6	3	2	4
4	9	2	5	8	3	7	1	6
1	6	3	2	7	4	8	9	5
7	2	4	6	3	1	5	8	9
8	5	6	4	2	9	1	7	3
9	3	1	8	5	7	4	6	2
2	4	5	1	6	8	9	3	7
6	8	7	3	9	5	2	4	1
3	1	9	7	4	2	6	5	8
1	2	6	5	7	3	4	8	9
9	3	8	4	2	6	1	7	5
7	5	4	8	1	9	3	6	2
5	9	2	6	3	7	8	1	4
8	6	1	2	5	4	7	9	3
4	7	3	9	8	1	5	2	6

Solution - 8

8	9	1	2	3	5	6	7	4
4	7	2	8	6	9	5	1	3
3	5	6	4	7	1	8	2	9
2	1	4	3	5	7	9	6	8
7	8	9	6	4	2	1	3	5
5	6	3	9	1	8	7	4	2
1	4	5	7	8	3	2	9	6
6	2	8	1	9	4	3	5	7
9	3	7	5	2	6	4	8	1
2	9	6	3	1	8	7	4	5
4	5	1	6	7	2	9	3	8
7	8	3	9	4	5	6	1	2
8	6	2	4	3	1	5	7	9
3	1	9	2	5	7	8	6	4
5	7	4	8	6	9	1	2	3

Solution - 9

5	1	4	6	9	8	2	3	7
9	8	6	2	7	3	4	5	1
2	3	7	1	4	5	8	6	9
1	2	9	7	5	6	3	8	4
8	7	5	3	1	4	6	9	2
4	6	3	9	8	2	7	1	5
7	4	8	5	6	1	9	2	3
3	9	1	8	2	7	5	4	6
6	5	2	4	3	9	1	7	8
4	1	6	3	7	2	8	9	5
2	8	5	9	4	6	7	3	1
9	7	3	1	8	5	4	6	2
5	3	4	6	9	8	2	1	7
1	6	7	2	5	4	3	8	9
8	2	9	7	1	3	6	5	4

Solution - 10

6	9	3	4	1	7	2	5	8
4	2	7	5	8	6	9	3	1
5	1	8	9	2	3	7	4	6
8	3	9	7	4	1	5	6	2
2	7	4	3	6	5	8	1	9
1	6	5	2	9	8	4	7	3
9	4	1	6	5	2	3	8	7
3	8	2	1	7	4	6	9	5
7	5	6	8	3	9	1	2	4
6	1	4	7	8	3	2	5	9
5	9	7	4	2	6	8	1	3
8	2	3	5	9	1	7	4	6
2	7	9	3	1	5	4	6	8
1	6	8	9	4	7	5	3	2
4	3	5	2	6	8	9	7	1

Solution - 11

3	1	5	2	8	6	7	9	4
9	7	2	3	4	1	8	5	6
8	6	4	7	9	5	3	2	1
6	8	1	5	7	3	2	4	9
2	9	7	8	1	4	5	6	3
5	4	3	6	2	9	1	8	7
1	3	9	4	5	2	6	7	8
4	2	8	1	6	7	9	3	5
7	5	6	9	3	8	4	1	2
9	4	2	8	1	3	5	6	7
6	8	3	2	7	5	1	9	4
5	7	1	6	9	4	2	8	3
3	9	4	7	2	6	8	5	1
2	6	5	3	8	1	7	4	9
8	1	7	5	4	9	3	2	6

Solution - 12

2	6	8	5	9	4	1	3	7
7	4	1	6	3	2	9	8	5
5	3	9	7	8	1	6	2	4
1	5	2	9	4	3	7	6	8
4	8	7	2	5	6	3	9	1
6	9	3	1	7	8	4	5	2
9	1	4	8	6	5	2	7	3
8	2	6	3	1	7	5	4	9
3	7	5	4	2	9	8	1	6
2	3	1	7	5	6	9	8	4
6	4	9	1	8	3	7	2	5
7	5	8	2	9	4	6	3	1
5	8	7	6	3	1	4	9	2
1	6	2	9	4	8	3	5	7
4	9	3	5	7	2	1	6	8

Solution - 13

7	8	6	3	4	1	5	9	2
5	4	9	6	2	7	1	8	3
2	3	1	8	5	9	4	7	6
4	6	3	1	9	8	2	5	7
9	2	7	5	3	4	6	1	8
8	1	5	7	6	2	9	3	4
6	5	8	2	1	3	7	4	9
1	7	4	9	8	6	3	2	5
3	9	2	4	7	5	8	6	1
4	2	1	6	9	8	5	3	7
5	8	7	3	2	1	6	9	4
9	3	6	7	5	4	2	1	8
8	6	9	5	4	2	1	7	3
7	1	3	8	6	9	4	5	2
2	4	5	1	3	7	9	8	6

Solution - 14

9	1	7	5	4	8	3	6	2
4	5	2	6	7	3	9	1	8
6	8	3	9	1	2	4	7	5
5	7	8	2	3	6	1	4	9
2	6	4	8	9	1	5	3	7
1	3	9	7	5	4	2	8	6
3	9	6	4	2	7	8	5	1
7	2	1	3	8	5	6	9	4
8	4	5	1	6	9	7	2	3
9	7	3	8	5	6	1	4	2
4	1	2	9	7	3	5	6	8
6	5	8	2	4	1	3	7	9
2	3	7	6	9	8	4	1	5
5	8	4	7	1	2	9	3	6
1	6	9	5	3	4	2	8	7

Solution - 15

8	2	3	1	9	5	7	6	4
4	7	9	3	8	6	5	1	2
5	1	6	7	2	4	8	3	9
1	5	4	6	3	9	2	7	8
2	9	8	4	7	1	3	5	6
6	3	7	2	5	8	4	9	1
9	4	2	5	6	7	1	8	3
3	8	5	9	1	2	6	4	7
7	6	1	8	4	3	9	2	5
5	2	7	4	3	1	8	9	6
8	1	3	7	9	6	4	5	2
6	9	4	2	8	5	7	3	1
4	7	6	3	5	8	2	1	9
1	5	8	6	2	9	3	7	4
2	3	9	1	7	4	5	6	8

Solution - 16

3	8	9	6	2	1	4	7	5
7	4	1	9	3	5	2	6	8
2	6	5	4	7	8	1	9	3
4	1	6	5	9	7	3	8	2
8	3	2	1	4	6	9	5	7
9	5	7	2	8	3	6	4	1
6	7	4	8	1	2	5	3	9
1	9	3	7	5	4	8	2	6
5	2	8	3	6	9	7	1	4
8	1	9	2	7	5	4	6	3
4	3	5	1	9	6	2	8	7
7	6	2	4	3	8	1	9	5
3	5	7	9	8	1	6	4	2
2	8	6	5	4	3	9	7	1
9	4	1	6	2	7	3	5	8

Solution - 17

2	5	4	6	7	9	3	1	8
3	7	8	4	2	1	9	5	6
1	9	6	8	3	5	2	4	7
7	4	3	5	8	6	1	2	9
6	1	9	3	4	2	7	8	5
8	2	5	1	9	7	6	3	4
4	8	1	9	6	3	5	7	2
9	3	2	7	5	8	4	6	1
5	6	7	2	1	4	8	9	3
8	7	3	6	4	9	1	2	5
1	2	9	8	3	5	6	4	7
6	5	4	1	2	7	3	8	9
3	4	8	5	7	2	9	1	6
7	1	5	4	9	6	2	3	8
2	9	6	3	8	1	7	5	4

Solution - 18

1	9	2	8	4	6	3	5	7
6	3	8	5	9	7	4	2	1
7	4	5	1	2	3	8	6	9
9	6	3	7	5	4	2	1	8
8	2	7	6	3	1	9	4	5
5	1	4	9	8	2	6	7	3
4	5	1	3	6	9	7	8	2
2	7	9	4	1	8	5	3	6
3	8	6	2	7	5	1	9	4
1	4	3	9	8	6	2	5	7
6	2	5	7	3	4	9	1	8
8	9	7	1	5	2	6	4	3
5	6	2	8	9	3	4	7	1
7	3	4	5	2	1	8	6	9
9	1	8	6	4	7	3	2	5

Solution - 19

9	1	4	6	8	2	7	5	3
6	8	7	9	3	5	4	1	2
5	2	3	1	4	7	9	8	6
7	3	1	5	2	9	6	4	8
4	6	5	8	7	1	3	2	9
2	9	8	4	6	3	5	7	1
1	5	6	2	9	4	8	3	7
8	7	2	3	5	6	1	9	4
3	4	9	7	1	8	2	6	5
5	2	4	8	6	7	3	1	9
7	1	3	5	2	9	4	8	6
9	6	8	4	3	1	5	7	2
4	3	1	6	7	5	9	2	8
6	9	5	1	8	2	7	4	3
2	8	7	9	4	3	6	5	1

Solution - 20

5	8	2	7	1	4	9	6	3
4	3	9	8	2	6	1	5	7
6	7	1	3	5	9	8	4	2
9	2	6	4	7	3	5	8	1
7	5	8	1	6	2	4	3	9
3	1	4	9	8	5	7	2	6
1	6	3	5	9	8	2	7	4
2	9	5	6	4	7	3	1	8
8	4	7	2	3	1	6	9	5
6	2	4	9	8	3	1	5	7
7	5	8	4	1	2	9	3	6
3	1	9	7	6	5	4	8	2
9	3	2	8	5	6	7	4	1
5	7	1	3	2	4	8	6	9
4	8	6	1	7	9	5	2	3

Solution - 21

3	9	5	8	7	4	2	1	6
7	4	2	1	3	6	8	9	5
8	6	1	2	9	5	3	4	7
5	1	9	4	6	3	7	2	8
4	3	7	5	8	2	1	6	9
2	8	6	7	1	9	5	3	4
9	5	8	3	4	1	6	7	2
1	2	4	6	5	7	9	8	3
6	7	3	9	2	8	4	5	1
8	6	5	4	1	3	7	2	9
4	1	2	7	9	5	3	6	8
7	3	9	8	6	2	1	4	5
5	9	7	2	3	4	8	1	6
2	4	6	1	8	9	5	3	7
3	8	1	5	7	6	2	9	4

Solution - 22

6	4	7	9	2	1	8	3	5
8	9	5	3	7	6	1	2	4
2	1	3	4	8	5	9	7	6
5	7	2	8	6	3	4	1	9
9	6	1	7	4	2	5	8	3
4	3	8	1	5	9	2	6	7
3	8	9	6	1	4	7	5	2
1	5	6	2	9	7	3	4	8
7	2	4	5	3	8	6	9	1
9	6	8	1	5	3	2	7	4
5	1	7	4	8	2	9	6	3
4	3	2	7	6	9	1	8	5
8	4	3	9	2	6	5	1	7
6	7	5	3	4	1	8	2	9
2	9	1	8	7	5	4	3	6

Solution - 23

9	7	2	3	8	1	5	6	4
3	8	4	7	5	6	1	9	2
5	6	1	4	2	9	8	7	3
4	9	3	2	6	8	7	5	1
8	2	6	1	7	5	4	3	9
7	1	5	9	3	4	6	2	8
6	4	8	5	9	2	3	1	7
1	3	9	6	4	7	2	8	5
2	5	7	8	1	3	9	4	6
3	7	6	4	8	5	1	9	2
8	1	2	7	6	9	5	3	4
5	9	4	2	3	1	7	6	8
9	8	5	1	2	6	4	7	3
7	6	1	3	5	4	8	2	9
4	2	3	9	7	8	6	5	1

Solution - 24

9	5	6	7	1	8	2	3	4
3	7	8	4	2	5	9	1	6
4	1	2	6	3	9	7	5	8
7	6	4	2	5	1	8	9	3
8	2	5	9	4	3	1	6	7
1	3	9	8	7	6	4	2	5
2	8	3	5	9	7	6	4	1
6	9	1	3	8	4	5	7	2
5	4	7	1	6	2	3	8	9
7	3	6	8	5	9	2	1	4
9	5	2	6	4	1	8	3	7
8	1	4	7	2	3	9	5	6
4	6	5	9	1	8	7	2	3
1	7	9	2	3	5	4	6	8
3	2	8	4	7	6	1	9	5

Solution - 25

1	3	7	6	8	4	5	9	2
4	9	6	5	3	2	7	1	8
2	5	8	1	7	9	4	6	3
9	2	4	8	6	5	3	7	1
5	8	1	7	4	3	9	2	6
7	6	3	9	2	1	8	5	4
6	7	2	3	9	8	1	4	5
3	1	9	4	5	6	2	8	7
8	4	5	2	1	7	6	3	9
9	8	4	1	7	2	5	6	3
2	6	7	8	3	5	4	9	1
1	5	3	6	4	9	8	7	2
5	3	8	7	6	1	9	2	4
7	9	6	5	2	4	3	1	8
4	2	1	9	8	3	7	5	6

Solution - 26

6	1	5	2	4	8	9	7	3
7	9	3	1	6	5	8	2	4
8	2	4	9	3	7	5	1	6
1	5	6	8	7	9	4	3	2
3	8	7	4	5	2	1	6	9
2	4	9	6	1	3	7	5	8
5	3	8	7	9	6	2	4	1
4	6	2	5	8	1	3	9	7
9	7	1	3	2	4	6	8	5
2	8	7	9	6	3	5	1	4
3	9	4	1	5	8	7	6	2
6	1	5	2	4	7	8	3	9
8	2	6	4	7	9	1	5	3
7	4	3	8	1	5	9	2	6
1	5	9	6	3	2	4	7	8

Solution - 27

3	1	6	5	7	4	9	2	8
7	8	4	1	2	9	5	6	3
9	2	5	6	3	8	1	4	7
1	6	9	4	5	7	3	8	2
8	5	2	3	1	6	7	9	4
4	3	7	8	9	2	6	1	5
5	4	8	9	6	3	2	7	1
2	9	3	7	4	1	8	5	6
6	7	1	2	8	5	4	3	9
3	5	9	4	1	2	7	6	8
1	6	4	8	7	9	3	2	5
7	8	2	3	5	6	9	1	4
8	2	5	1	9	7	6	4	3
9	3	6	5	2	4	1	8	7
4	1	7	6	3	8	5	9	2

Solution - 28

5	2	4	3	7	6	9	1	8
7	8	6	1	9	2	5	4	3
9	3	1	8	4	5	7	6	2
6	5	7	2	8	9	4	3	1
1	4	8	7	6	3	2	5	9
3	9	2	5	1	4	6	8	7
2	1	3	4	5	7	8	9	6
8	6	5	9	2	1	3	7	4
4	7	9	6	3	8	1	2	5
6	2	7	1	9	4	5	3	8
5	9	8	3	7	6	4	1	2
1	3	4	2	8	5	9	6	7
3	5	1	8	6	2	7	4	9
7	4	2	5	1	9	6	8	3
9	8	6	7	4	3	2	5	1

Solution - 29

8	7	5	4	9	1	3	2	6
1	6	4	5	2	3	9	8	7
9	2	3	8	6	7	4	1	5
7	4	6	3	5	2	1	9	8
2	3	8	6	1	9	5	7	4
5	9	1	7	4	8	2	6	3
4	5	9	1	7	6	8	3	2
6	8	2	9	3	5	7	4	1
3	1	7	2	8	4	6	5	9
1	9	8	5	4	7	2	6	3
2	6	4	8	9	3	1	7	5
7	3	5	6	1	2	4	9	8
5	2	1	7	6	9	3	8	4
9	7	3	4	2	8	5	1	6
8	4	6	3	5	1	9	2	7

Solution - 30

3	7	9	5	2	1	8	6	4
6	8	4	7	3	9	2	1	5
1	2	5	8	6	4	3	7	9
9	5	7	1	4	8	6	3	2
8	4	6	3	7	2	9	5	1
2	1	3	9	5	6	4	8	7
5	6	1	4	9	3	7	2	8
4	3	8	2	1	7	5	9	6
7	9	2	6	8	5	1	4	3
3	2	6	9	5	4	8	1	7
8	5	9	7	6	1	2	3	4
1	7	4	3	2	8	6	5	9
2	8	3	5	4	6	9	7	1
6	4	5	1	7	9	3	8	2
9	1	7	8	3	2	4	6	5

Solution - 31

4	7	9	6	8	2	5	1	3
6	1	5	3	9	4	8	2	7
3	8	2	5	7	1	9	6	4
9	5	1	2	3	6	4	7	8
2	6	3	8	4	7	1	5	9
8	4	7	1	5	9	6	3	2
7	2	6	9	1	8	3	4	5
1	3	8	4	2	5	7	9	6
5	9	4	7	6	3	2	8	1
8	4	1	6	7	2	5	3	9
6	5	3	8	9	4	1	7	2
9	7	2	3	5	1	8	6	4
4	1	7	5	8	9	6	2	3
2	8	9	1	3	6	4	5	7
3	6	5	2	4	7	9	1	8

Solution - 32

8	2	7	4	3	5	6	1	9
5	9	6	8	7	1	3	2	4
1	4	3	6	9	2	5	7	8
9	1	4	7	5	3	2	8	6
3	7	8	2	6	4	9	5	1
2	6	5	9	1	8	7	4	3
4	8	9	5	2	6	1	3	7
7	3	2	1	4	9	8	6	5
6	5	1	3	8	7	4	9	2
9	1	5	2	6	4	7	8	3
8	4	3	7	1	5	9	2	6
2	7	6	9	3	8	5	1	4
5	2	7	8	9	3	6	4	1
3	6	8	4	5	1	2	7	9
1	9	4	6	7	2	3	5	8

Solution - 33

4	3	9	2	8	5	1	7	6
1	6	8	9	4	7	5	3	2
7	5	2	6	3	1	4	9	8
9	7	4	1	6	3	2	8	5
5	8	3	4	9	2	7	6	1
2	1	6	5	7	8	3	4	9
6	2	7	3	5	9	8	1	4
8	9	1	7	2	4	6	5	3
3	4	5	8	1	6	9	2	7
2	6	8	5	9	7	4	3	1
9	7	4	1	3	2	5	8	6
5	1	3	4	6	8	2	7	9
4	5	6	2	7	3	1	9	8
1	3	9	6	8	5	7	4	2
7	8	2	9	4	1	3	6	5

Solution - 34

6	2	9	1	3	8	7	4	5
3	7	5	4	9	6	1	2	8
4	1	8	2	5	7	9	3	6
8	3	7	6	2	1	4	5	9
1	4	2	9	7	5	8	6	3
9	5	6	8	4	3	2	7	1
5	9	3	7	1	2	6	8	4
7	8	4	5	6	9	3	1	2
2	6	1	3	8	4	5	9	7
8	5	2	4	3	7	1	6	9
9	3	7	1	5	6	4	2	8
1	4	6	9	2	8	7	5	3
3	2	8	6	7	5	9	4	1
6	1	9	8	4	3	2	7	5
4	7	5	2	9	1	8	3	6

Solution - 35

6	8	7	9	4	2	3	1	5
5	9	2	8	3	1	4	6	7
4	1	3	6	5	7	2	9	8
7	3	6	1	8	4	9	5	2
1	5	4	2	6	9	7	8	3
8	2	9	5	7	3	6	4	1
2	4	5	3	1	6	8	7	9
9	7	8	4	2	5	1	3	6
3	6	1	7	9	8	5	2	4
5	1	3	6	7	4	9	8	2
4	9	7	2	8	1	6	5	3
8	2	6	9	5	3	4	1	7
6	8	4	1	3	2	7	9	5
7	5	2	8	4	9	3	6	1
1	3	9	5	6	7	2	4	8

Solution - 36

1	2	8	9	7	5	3	6	4
3	9	7	2	4	6	8	1	5
4	5	6	1	3	8	2	7	9
8	6	4	7	9	2	5	3	1
9	7	3	5	8	1	4	2	6
2	1	5	4	6	3	7	9	8
5	3	2	8	1	9	6	4	7
6	4	1	3	5	7	9	8	2
7	8	9	6	2	4	1	5	3
2	1	7	4	6	8	5	3	9
8	5	4	1	9	3	7	2	6
9	6	3	2	7	5	4	1	8
3	2	5	7	4	6	8	9	1
1	9	6	5	8	2	3	7	4
4	7	8	9	3	1	2	6	5

Solution - 37

7	3	2	8	6	4	9	5	1
8	6	4	5	1	9	7	2	3
9	5	1	2	3	7	8	6	4
3	4	5	1	2	8	6	7	9
6	1	9	3	7	5	2	4	8
2	8	7	9	4	6	3	1	5
5	9	6	4	8	2	1	3	7
4	7	3	6	9	1	5	8	2
1	2	8	7	5	3	4	9	6
3	5	7	8	1	6	9	2	4
8	1	9	2	7	4	3	6	5
2	6	4	5	3	9	7	1	8
9	4	2	3	6	7	8	5	1
6	3	5	1	4	8	2	7	9
7	8	1	9	2	5	6	4	3

Solution - 38

1	4	8	3	7	6	2	9	5
7	3	6	5	2	9	8	1	4
9	2	5	4	1	8	7	6	3
2	6	1	9	8	4	3	5	7
8	7	9	1	3	5	4	2	6
4	5	3	2	6	7	9	8	1
5	8	2	6	4	3	1	7	9
3	9	7	8	5	1	6	4	2
6	1	4	7	9	2	5	3	8
2	3	5	9	1	4	7	8	6
7	6	1	2	3	8	9	5	4
9	4	8	5	7	6	2	1	3
4	5	3	1	6	9	8	2	7
1	2	9	3	8	7	4	6	5
8	7	6	4	2	5	3	9	1

Solution - 39

2	9	1	8	5	6	4	7	3
8	6	4	2	3	7	5	9	1
5	7	3	4	9	1	2	8	6
3	1	6	5	8	2	7	4	9
4	8	2	3	7	9	6	1	5
9	5	7	1	6	4	3	2	8
7	4	9	6	1	3	8	5	2
6	2	8	9	4	5	1	3	7
1	3	5	7	2	8	9	6	4
4	7	1	2	3	6	5	8	9
9	6	3	5	8	4	7	2	1
8	5	2	1	9	7	3	4	6
2	8	7	4	5	1	6	9	3
5	9	6	3	7	2	4	1	8
3	1	4	8	6	9	2	7	5

Solution - 40

5	8	2	4	9	1	6	7	3
7	9	1	6	5	3	8	4	2
3	4	6	7	2	8	1	9	5
6	1	7	2	8	9	3	5	4
4	3	5	1	6	7	2	8	9
9	2	8	5	3	4	7	1	6
2	6	9	8	1	5	4	3	7
8	7	3	9	4	6	5	2	1
1	5	4	3	7	2	9	6	8
4	1	5	6	9	8	2	7	3
6	9	8	7	2	3	1	4	5
3	2	7	1	5	4	6	8	9
7	4	2	5	3	9	8	1	6
5	8	1	2	6	7	3	9	4
9	3	6	4	8	1	7	5	2

Solution - 41

5	8	7	9	1	2	6	4	3
9	1	4	6	3	7	2	5	8
3	2	6	4	5	8	1	9	7
4	7	3	2	8	9	5	6	1
2	5	8	7	6	1	4	3	9
1	6	9	3	4	5	8	7	2
7	3	1	5	2	4	9	8	6
6	4	2	8	9	3	7	1	5
8	9	5	1	7	6	3	2	4
2	5	9	6	1	8	4	7	3
1	7	8	4	3	9	5	6	2
4	6	3	2	5	7	1	9	8
9	8	7	3	4	2	6	5	1
3	1	6	9	8	5	2	4	7
5	2	4	7	6	1	8	3	9

Solution - 42

2	4	8	1	5	6	7	9	3
5	7	1	9	3	4	6	8	2
9	3	6	2	7	8	4	5	1
7	9	3	6	4	1	8	2	5
4	6	2	5	8	3	1	7	9
8	1	5	7	2	9	3	6	4
3	2	7	4	6	5	9	1	8
1	5	4	8	9	7	2	3	6
6	8	9	3	1	2	5	4	7
5	1	3	9	7	6	4	8	2
9	6	2	5	4	8	1	7	3
4	7	8	2	3	1	6	5	9
7	3	5	6	2	4	8	9	1
2	4	1	7	8	9	3	6	5
8	9	6	1	5	3	7	2	4

Solution - 43

6	7	9	1	2	8	4	3	5
3	1	2	4	9	5	8	6	7
8	4	5	6	7	3	1	9	2
7	9	8	3	1	4	2	5	6
5	3	4	2	6	7	9	1	8
1	2	6	5	8	9	3	7	4
2	8	3	7	5	1	6	4	9
4	6	7	9	3	2	5	8	1
9	5	1	8	4	6	7	2	3
3	9	4	5	2	7	8	1	6
7	2	5	6	1	8	9	3	4
6	1	8	3	9	4	2	5	7
5	7	6	4	8	3	1	9	2
1	4	9	2	6	5	3	7	8
8	3	2	1	7	9	4	6	5

Solution - 44

4	8	3	5	1	6	9	7	2
6	5	2	9	3	7	4	8	1
7	9	1	8	4	2	6	3	5
5	1	6	7	2	9	3	4	8
2	3	9	1	8	4	7	5	6
8	4	7	6	5	3	2	1	9
3	6	5	2	7	1	8	9	4
9	7	8	4	6	5	1	2	3
1	2	4	3	9	8	5	6	7
7	8	6	9	3	4	2	5	1
5	1	9	7	8	2	3	4	6
4	3	2	1	5	6	7	8	9
2	4	3	5	1	9	6	7	8
8	5	1	6	4	7	9	3	2
6	9	7	8	2	3	4	1	5

Solution - 45

4	9	1	8	7	3	6	2	5
2	3	7	4	5	6	1	8	9
8	5	6	2	1	9	4	7	3
1	6	3	9	8	2	7	5	4
5	2	9	7	3	4	8	6	1
7	8	4	5	6	1	9	3	2
6	1	5	3	4	7	2	9	8
3	4	2	6	9	8	5	1	7
9	7	8	1	2	5	3	4	6
1	3	9	8	6	4	7	2	5
8	2	7	5	3	1	4	6	9
5	6	4	9	7	2	1	8	3
4	8	3	2	5	6	9	7	1
7	5	6	4	1	9	8	3	2
2	9	1	7	8	3	6	5	4

Solution - 46

9	7	4	1	6	8	2	5	3
2	6	8	5	3	4	9	1	7
1	3	5	9	7	2	6	8	4
5	1	9	2	4	7	3	6	8
8	4	3	6	5	1	7	9	2
7	2	6	8	9	3	5	4	1
6	8	7	3	1	9	4	2	5
3	5	2	4	8	6	1	7	9
4	9	1	7	2	5	8	3	6
2	1	9	6	4	3	5	8	7
8	4	3	1	5	7	9	6	2
5	7	6	2	9	8	3	1	4
7	2	5	8	3	4	6	9	1
1	3	4	9	6	2	7	5	8
9	6	8	5	7	1	2	4	3

Solution - 47

7	1	5	4	9	2	6	3	8
3	2	6	7	1	8	9	5	4
4	9	8	6	3	5	1	2	7
1	3	4	8	6	9	2	7	5
8	5	2	3	7	1	4	9	6
9	6	7	2	5	4	3	8	1
5	8	1	9	4	3	7	6	2
6	4	3	5	2	7	8	1	9
2	7	9	1	8	6	5	4	3
7	9	6	8	5	2	1	3	4
4	3	2	7	1	9	6	5	8
1	5	8	6	3	4	2	9	7
3	1	4	2	7	5	9	8	6
8	6	7	4	9	1	3	2	5
9	2	5	3	6	8	4	7	1

Solution - 48

3	8	1	4	2	9	5	7	6
6	2	9	5	1	7	4	8	3
5	7	4	8	3	6	2	9	1
9	3	8	7	5	4	1	6	2
2	4	6	3	8	1	9	5	7
7	1	5	9	6	2	3	4	8
8	5	7	2	9	3	6	1	4
1	9	3	6	4	8	7	2	5
4	6	2	1	7	5	8	3	9
7	1	8	3	2	4	9	5	6
9	2	5	8	1	6	3	4	7
3	4	6	7	5	9	1	8	2
5	8	4	9	6	1	2	7	3
2	3	9	5	8	7	4	6	1
6	7	1	4	3	2	5	9	8

Solution - 49

1	4	8	3	9	6	5	2	7
5	7	3	2	4	1	8	9	6
6	9	2	8	5	7	3	1	4
9	3	4	1	7	2	6	5	8
7	6	1	9	8	5	2	4	3
8	2	5	4	6	3	9	7	1
3	1	9	7	2	8	4	6	5
2	5	7	6	3	4	1	8	9
4	8	6	5	1	9	7	3	2
9	7	5	8	4	2	3	1	6
8	3	4	9	6	1	2	5	7
6	2	1	3	7	5	9	4	8
1	6	3	2	5	7	8	9	4
7	4	8	1	9	6	5	2	3
5	9	2	4	8	3	6	7	1

Solution - 50

9	4	8	1	5	7	3	6	2
3	5	7	8	2	6	9	1	4
2	1	6	3	4	9	7	5	8
4	2	9	5	1	3	8	7	6
6	8	1	9	7	4	5	2	3
5	7	3	2	6	8	4	9	1
1	9	2	4	3	5	6	8	7
7	3	5	6	8	2	1	4	9
8	6	4	7	9	1	2	3	5
9	2	3	1	4	6	5	7	8
4	1	7	8	5	9	3	2	6
6	5	8	3	2	7	9	1	4
3	7	1	9	6	8	4	5	2
5	8	6	2	1	4	7	9	3
2	4	9	5	7	3	8	6	1

Solution - 51

2	3	8	9	5	4	7	6	1
7	1	9	3	6	2	4	5	8
5	4	6	7	8	1	3	2	9
3	6	5	1	4	7	8	9	2
4	9	1	8	2	6	5	3	7
8	2	7	5	9	3	6	1	4
9	7	3	6	1	8	2	4	5
1	8	4	2	3	5	9	7	6
6	5	2	4	7	9	1	8	3
4	2	6	9	5	1	7	3	8
3	1	8	7	6	4	5	2	9
5	9	7	8	2	3	6	1	4
7	4	1	5	8	6	3	9	2
8	3	5	1	9	2	4	6	7
2	6	9	3	4	7	8	5	1

Solution - 52

9	2	8	3	4	1	6	7	5
6	1	3	5	7	9	2	4	8
5	4	7	8	6	2	9	1	3
7	3	9	6	8	4	5	2	1
1	6	4	2	5	3	8	9	7
2	8	5	9	1	7	4	3	6
8	9	2	7	3	6	1	5	4
3	5	1	4	9	8	7	6	2
4	7	6	1	2	5	3	8	9
9	8	7	2	4	1	5	3	6
6	1	3	9	5	7	4	2	8
5	2	4	8	6	3	9	7	1
7	6	8	3	1	9	2	4	5
2	3	9	5	8	4	6	1	7
1	4	5	6	7	2	8	9	3

Solution - 53

7	4	6	1	2	5	9	8	3
9	5	8	3	4	6	2	1	7
3	1	2	9	7	8	5	4	6
1	8	3	4	5	7	6	9	2
2	6	7	8	3	9	1	5	4
4	9	5	2	6	1	7	3	8
6	7	9	5	8	4	3	2	1
8	2	1	7	9	3	4	6	5
5	3	4	6	1	2	8	7	9
3	4	6	8	5	9	2	1	7
9	5	2	1	4	7	6	3	8
1	8	7	3	2	6	9	5	4
4	6	5	2	7	8	1	9	3
2	1	8	9	3	5	7	4	6
7	9	3	4	6	1	5	8	2

Solution - 54

2	6	3	8	7	9	5	4	1
7	5	8	1	4	6	3	9	2
4	9	1	5	2	3	7	8	6
5	1	4	2	3	8	6	7	9
3	2	9	7	6	4	8	1	5
6	8	7	9	1	5	2	3	4
8	4	5	6	9	7	1	2	3
1	3	6	4	8	2	9	5	7
9	7	2	3	5	1	4	6	8
3	5	1	9	7	6	2	8	4
6	2	7	5	4	8	3	1	9
4	9	8	1	2	3	5	7	6
7	1	9	2	6	4	8	3	5
2	6	4	8	3	5	7	9	1
5	8	3	7	1	9	6	4	2

Solution - 55

1	2	4	3	6	8	5	9	7
9	6	5	1	7	2	3	8	4
8	7	3	9	5	4	1	6	2
6	9	2	5	4	7	8	1	3
3	5	7	8	2	1	6	4	9
4	8	1	6	3	9	7	2	5
2	1	6	7	9	5	4	3	8
7	4	8	2	1	3	9	5	6
5	3	9	4	8	6	2	7	1
1	6	4	3	5	7	8	9	2
8	2	5	9	6	1	7	4	3
9	7	3	8	2	4	6	1	5
3	8	2	1	4	9	5	6	7
6	9	1	5	7	2	3	8	4
4	5	7	6	3	8	1	2	9

Solution - 56

3	7	1	8	2	5	4	6	9
5	2	6	7	9	4	3	8	1
9	4	8	3	1	6	2	5	7
8	5	2	1	7	9	6	4	3
7	1	4	6	3	2	5	9	8
6	3	9	4	5	8	7	1	2
4	8	7	9	6	3	1	2	5
2	9	3	5	4	1	8	7	6
1	6	5	2	8	7	9	3	4
6	5	1	3	2	8	4	9	7
3	4	8	6	7	9	2	5	1
9	7	2	4	1	5	6	8	3
7	1	9	8	3	6	5	4	2
8	2	6	7	5	4	3	1	9
5	3	4	1	9	2	7	6	8

Solution - 57

5	3	7	2	1	6	9	4	8
2	9	1	8	5	4	6	7	3
6	4	8	9	7	3	1	2	5
3	7	5	6	8	2	4	9	1
4	1	9	7	3	5	8	6	2
8	6	2	4	9	1	3	5	7
1	8	6	5	4	7	2	3	9
7	2	3	1	6	9	5	8	4
9	5	4	3	2	8	7	1	6
6	9	8	7	1	2	4	5	3
2	7	1	4	5	3	9	6	8
4	3	5	9	8	6	1	7	2
5	1	2	8	3	4	6	9	7
3	6	9	2	7	1	8	4	5
8	4	7	6	9	5	3	2	1

Solution - 58

2	4	8	6	9	1	7	5	3
5	6	3	8	2	7	9	1	4
1	9	7	3	5	4	8	2	6
9	1	5	2	4	8	6	3	7
8	3	2	1	7	6	5	4	9
6	7	4	9	3	5	1	8	2
3	8	1	4	6	9	2	7	5
4	5	6	7	8	2	3	9	1
7	2	9	5	1	3	4	6	8
6	1	8	2	5	4	9	3	7
5	9	4	8	3	7	6	1	2
2	7	3	1	9	6	8	5	4
9	4	2	3	7	5	1	8	6
1	3	7	6	4	8	5	2	9
8	6	5	9	2	1	7	4	3

Solution - 59

5	4	2	9	1	3	6	8	7
8	9	6	5	7	2	1	3	4
3	7	1	4	6	8	5	9	2
7	3	4	8	5	1	2	6	9
2	6	8	7	4	9	3	5	1
9	1	5	3	2	6	7	4	8
4	8	7	2	3	5	9	1	6
1	2	3	6	9	4	8	7	5
6	5	9	1	8	7	4	2	3
2	9	5	4	7	1	3	6	8
7	4	8	3	6	2	1	5	9
3	6	1	8	5	9	2	4	7
5	3	2	9	4	6	7	8	1
9	7	4	5	1	8	6	3	2
8	1	6	7	2	3	5	9	4

Solution - 60

3	5	9	4	7	1	2	6	8
6	7	1	8	3	2	9	5	4
4	8	2	9	5	6	3	1	7
8	4	6	2	9	3	1	7	5
1	2	7	5	6	8	4	9	3
5	9	3	1	4	7	6	8	2
7	6	8	3	2	9	5	4	1
2	1	4	6	8	5	7	3	9
9	3	5	7	1	4	8	2	6
1	9	3	8	5	7	4	6	2
5	4	7	1	6	2	9	8	3
8	2	6	9	4	3	1	5	7
4	7	9	2	3	8	6	1	5
3	8	1	5	9	6	2	7	4
6	5	2	4	7	1	3	9	8

Solution - 61

9	4	8	1	2	5	7	6	3
6	5	7	9	3	4	8	2	1
3	1	2	6	7	8	9	4	5
7	9	1	4	5	2	3	8	6
8	3	6	7	9	1	2	5	4
5	2	4	8	6	3	1	9	7
4	8	3	2	1	6	5	7	9
1	6	9	5	8	7	4	3	2
2	7	5	3	4	9	6	1	8
3	1	2	9	6	5	8	4	7
8	9	7	4	3	1	2	6	5
6	5	4	7	2	8	3	9	1
9	2	1	6	5	4	7	8	3
5	4	8	1	7	3	9	2	6
7	3	6	8	9	2	1	5	4

Solution - 62

4	9	1	8	3	6	2	7	5
3	8	7	2	9	5	1	6	4
6	2	5	1	4	7	3	8	9
7	4	3	6	8	2	9	5	1
1	6	8	4	5	9	7	3	2
9	5	2	7	1	3	8	4	6
5	1	9	3	7	4	6	2	8
2	3	4	9	6	8	5	1	7
8	7	6	5	2	1	4	9	3
3	9	7	2	1	5	8	6	4
1	4	8	6	3	7	2	5	9
6	5	2	8	4	9	3	7	1
7	2	3	1	8	6	9	4	5
9	8	1	4	5	2	7	3	6
4	6	5	7	9	3	1	8	2

Solution - 63

5	1	7	6	8	3	9	2	4
9	3	4	1	7	2	5	8	6
2	6	8	9	4	5	1	7	3
3	4	2	8	5	9	6	1	7
6	5	9	4	1	7	8	3	2
7	8	1	2	3	6	4	5	9
1	9	6	7	2	8	3	4	5
4	2	3	5	9	1	7	6	8
8	7	5	3	6	4	2	9	1
7	8	2	1	5	9	6	3	4
5	4	9	6	8	3	1	7	2
3	6	1	2	4	7	5	8	9
9	3	7	8	1	2	4	5	6
6	1	8	4	3	5	9	2	7
2	5	4	9	7	6	8	1	3

Solution - 64

4	3	8	5	7	1	9	2	6
7	2	6	8	9	3	4	1	5
1	9	5	6	2	4	7	3	8
5	8	7	2	6	9	1	4	3
9	1	3	4	8	5	2	6	7
2	6	4	1	3	7	8	5	9
3	5	9	7	1	2	6	8	4
8	7	1	3	4	6	5	9	2
6	4	2	9	5	8	3	7	1
5	2	8	4	6	1	7	3	9
9	1	6	8	3	7	4	2	5
4	3	7	5	2	9	1	6	8
2	9	5	6	7	4	8	1	3
1	6	3	2	8	5	9	4	7
7	8	4	1	9	3	2	5	6

Solution - 65

6	1	2	4	8	3	7	5	9
7	8	3	1	9	5	4	2	6
4	9	5	6	7	2	3	1	8
8	3	9	7	2	6	5	4	1
1	6	7	8	5	4	9	3	2
2	5	4	3	1	9	8	6	7
9	2	6	5	3	7	1	8	4
5	4	1	9	6	8	2	7	3
3	7	8	2	4	1	6	9	5
2	6	3	7	1	4	9	5	8
8	1	4	3	9	5	7	2	6
7	5	9	6	8	2	4	3	1
1	8	7	4	2	3	5	6	9
6	3	2	1	5	9	8	4	7
4	9	5	8	7	6	3	1	2

Solution - 66

3	1	5	8	9	7	2	4	6
8	4	6	3	5	2	1	7	9
9	7	2	4	1	6	3	5	8
5	6	4	2	7	9	8	1	3
7	8	1	5	6	3	9	2	4
2	3	9	1	8	4	7	6	5
1	9	7	6	4	8	5	3	2
6	2	8	7	3	5	4	9	1
4	5	3	9	2	1	6	8	7
7	6	4	2	1	9	8	5	3
8	1	5	3	6	4	7	2	9
9	3	2	5	8	7	1	6	4
5	7	1	8	9	2	3	4	6
3	8	9	4	7	6	2	1	5
2	4	6	1	5	3	9	7	8

Solution - 67

4	6	2	7	9	3	5	1	8
5	9	3	4	1	8	2	7	6
8	7	1	6	5	2	3	9	4
7	2	6	1	4	5	9	8	3
3	8	4	2	6	9	7	5	1
1	5	9	8	3	7	4	6	2
2	4	8	9	7	1	6	3	5
9	1	5	3	2	6	8	4	7
6	3	7	5	8	4	1	2	9
3	6	2	4	9	7	5	1	8
4	8	9	1	3	5	7	6	2
5	7	1	8	6	2	4	9	3
1	2	3	7	4	8	9	5	6
7	5	6	2	1	9	3	8	4
8	9	4	6	5	3	2	7	1

Solution - 68

7	6	8	2	1	3	5	9	4
3	4	2	9	5	6	7	8	1
5	1	9	4	7	8	3	2	6
8	5	6	1	9	7	4	3	2
9	2	1	3	8	4	6	7	5
4	7	3	5	6	2	9	1	8
1	8	4	7	3	5	2	6	9
6	3	5	8	2	9	1	4	7
2	9	7	6	4	1	8	5	3
9	7	2	1	6	8	4	3	5
8	1	3	9	5	4	7	2	6
5	4	6	3	7	2	9	1	8
3	2	8	4	9	6	5	7	1
4	6	9	5	1	7	3	8	2
7	5	1	2	8	3	6	9	4

Solution - 69

3	4	1	2	6	5	7	9	8
7	5	9	8	3	4	2	6	1
6	2	8	1	7	9	4	3	5
8	1	5	4	9	6	3	7	2
2	9	6	7	8	3	1	5	4
4	7	3	5	1	2	9	8	6
1	6	2	9	5	7	8	4	3
5	8	7	3	4	1	6	2	9
9	3	4	6	2	8	5	1	7
6	7	8	5	1	2	9	3	4
3	5	1	4	7	9	2	8	6
4	2	9	8	6	3	1	7	5
8	4	3	1	9	5	7	6	2
7	9	6	2	8	4	3	5	1
2	1	5	7	3	6	4	9	8

Solution - 70

1	8	6	7	3	9	2	4	5
9	3	5	4	8	2	6	1	7
4	2	7	6	1	5	9	8	3
7	1	8	2	4	6	3	5	9
2	5	9	1	7	3	8	6	4
3	6	4	5	9	8	1	7	2
5	9	3	8	6	4	7	2	1
6	4	1	9	2	7	5	3	8
8	7	2	3	5	1	4	9	6
4	1	5	6	8	3	9	7	2
7	6	9	5	1	2	8	4	3
3	2	8	4	7	9	1	6	5
9	8	6	7	3	5	2	1	4
2	3	4	1	9	8	6	5	7
1	5	7	2	4	6	3	8	9

Solution - 71

5	7	2	4	6	9	1	3	8
1	4	3	2	8	7	5	9	6
9	8	6	1	5	3	2	4	7
2	9	1	5	7	4	8	6	3
6	3	4	9	2	8	7	5	1
7	5	8	3	1	6	9	2	4
8	6	9	7	3	2	4	1	5
4	1	7	6	9	5	3	8	2
3	2	5	8	4	1	6	7	9
9	7	3	2	8	6	1	5	4
6	4	2	1	5	3	7	9	8
5	8	1	9	7	4	2	3	6
1	5	8	4	6	7	9	2	3
7	9	6	3	2	8	5	4	1
2	3	4	5	1	9	8	6	7

Solution - 72

8	2	1	3	6	7	4	9	5
4	7	6	9	5	1	3	2	8
5	9	3	4	2	8	7	1	6
6	3	7	1	8	4	2	5	9
2	5	8	6	9	3	1	4	7
1	4	9	5	7	2	6	8	3
7	1	2	8	3	9	5	6	4
9	6	4	7	1	5	8	3	2
3	8	5	2	4	6	9	7	1
6	5	3	4	7	1	2	8	9
1	4	8	3	9	2	6	5	7
2	9	7	6	5	8	4	1	3
8	2	1	9	6	3	7	4	5
5	7	9	1	8	4	3	2	6
4	3	6	5	2	7	1	9	8

Solution - 73

7	2	9	3	8	5	6	1	4
1	6	5	9	4	2	3	8	7
8	3	4	6	7	1	5	9	2
4	9	8	1	6	7	2	5	3
6	5	7	2	3	9	1	4	8
2	1	3	8	5	4	7	6	9
9	7	2	4	1	6	8	3	5
3	4	6	5	2	8	9	7	1
5	8	1	7	9	3	4	2	6
8	9	5	1	7	4	3	6	2
7	6	3	2	8	5	1	9	4
1	2	4	6	3	9	5	8	7
4	5	8	3	6	2	7	1	9
2	1	9	8	5	7	6	4	3
6	3	7	9	4	1	2	5	8

Solution - 74

8	6	3	1	2	7	4	5	9
2	5	1	9	3	4	7	6	8
7	9	4	8	5	6	3	1	2
1	2	7	3	6	8	9	4	5
5	8	6	4	9	2	1	3	7
3	4	9	5	7	1	8	2	6
4	1	2	6	8	9	5	7	3
9	7	5	2	4	3	6	8	1
6	3	8	7	1	5	2	9	4
2	8	6	5	7	4	1	3	9
5	4	1	3	9	8	7	2	6
7	9	3	1	6	2	8	4	5
1	5	4	8	3	7	9	6	2
3	2	7	9	5	6	4	1	8
8	6	9	4	2	1	3	5	7

Solution - 75

3	8	2	6	5	7	1	4	9
6	9	4	1	3	2	5	8	7
7	5	1	8	9	4	3	2	6
4	1	6	7	2	8	9	5	3
5	7	8	9	4	3	6	1	2
2	3	9	5	6	1	4	7	8
9	2	5	4	7	6	8	3	1
8	6	3	2	1	5	7	9	4
1	4	7	3	8	9	2	6	5
4	3	2	9	6	1	5	8	7
5	1	9	8	4	7	6	2	3
6	7	8	5	2	3	4	1	9
3	8	4	1	5	2	9	7	6
7	5	1	6	9	8	3	4	2
2	9	6	7	3	4	1	5	8

Solution - 76

5	4	6	7	1	8	3	9	2
8	7	2	3	9	5	1	4	6
1	9	3	2	4	6	5	8	7
3	5	4	1	6	9	2	7	8
7	2	1	4	8	3	9	6	5
9	6	8	5	7	2	4	1	3
4	3	7	8	2	1	6	5	9
2	1	9	6	5	7	8	3	4
6	8	5	9	3	4	7	2	1
7	4	2	3	8	5	9	1	6
8	5	6	7	1	9	2	4	3
1	9	3	4	6	2	5	7	8
5	2	8	1	4	6	3	9	7
9	6	4	5	7	3	1	8	2
3	7	1	2	9	8	4	6	5

Solution - 77

7	4	2	3	6	5	1	9	8
8	9	6	1	7	4	3	5	2
3	5	1	8	9	2	6	7	4
6	7	9	5	8	1	2	4	3
1	8	3	2	4	7	9	6	5
5	2	4	9	3	6	8	1	7
4	1	5	6	2	3	7	8	9
2	6	8	7	5	9	4	3	1
9	3	7	4	1	8	5	2	6
7	4	3	1	8	5	6	9	2
8	5	2	3	9	6	1	4	7
6	9	1	2	4	7	3	5	8
3	8	6	5	7	2	9	1	4
5	2	4	9	6	1	8	7	3
1	7	9	8	3	4	2	6	5

Solution - 78

6	7	5	4	9	3	8	1	2
9	8	2	7	1	5	4	3	6
4	1	3	6	2	8	9	5	7
3	6	8	5	4	2	1	7	9
5	9	7	8	6	1	2	4	3
1	2	4	9	3	7	6	8	5
2	4	1	3	7	6	5	9	8
8	3	9	2	5	4	7	6	1
7	5	6	1	8	9	3	2	4
4	7	8	6	2	3	9	1	5
6	1	2	5	9	8	4	7	3
5	9	3	7	4	1	6	8	2
9	2	7	4	1	5	8	3	6
1	6	4	8	3	7	2	5	9
3	8	5	9	6	2	1	4	7

Solution - 79

4	5	8	3	9	1	7	6	2
9	3	6	7	2	8	4	5	1
7	2	1	5	4	6	3	9	8
1	9	4	6	7	5	8	2	3
3	7	5	2	8	9	1	4	6
6	8	2	1	3	4	5	7	9
5	1	9	8	6	7	2	3	4
2	6	7	4	1	3	9	8	5
8	4	3	9	5	2	6	1	7
6	3	5	2	7	1	8	4	9
7	9	2	6	4	8	3	5	1
1	8	4	5	3	9	7	2	6
4	7	8	3	9	5	1	6	2
9	2	6	1	8	4	5	7	3
3	5	1	7	2	6	4	9	8

Solution - 80

4	6	5	2	3	9	8	1	7
9	8	1	4	7	5	3	2	6
3	2	7	6	8	1	4	5	9
2	9	3	5	1	7	6	8	4
8	5	6	9	4	3	1	7	2
1	7	4	8	2	6	9	3	5
6	1	9	7	5	8	2	4	3
5	4	8	3	9	2	7	6	1
7	3	2	1	6	4	5	9	8
2	9	3	5	4	1	6	8	7
1	5	7	8	3	6	9	2	4
4	8	6	2	7	9	1	3	5
8	7	4	6	2	5	3	1	9
9	2	5	4	1	3	8	7	6
3	6	1	9	8	7	4	5	2

Solution - 81

5	8	9	3	6	4	1	2	7
6	7	2	1	9	8	3	5	4
4	3	1	5	2	7	8	6	9
1	4	6	7	5	2	9	8	3
9	2	7	8	1	3	6	4	5
3	5	8	9	4	6	2	7	1
8	9	4	6	3	5	7	1	2
7	1	5	2	8	9	4	3	6
2	6	3	4	7	1	5	9	8
6	3	1	8	4	2	9	7	5
9	2	7	3	5	6	1	8	4
4	5	8	9	1	7	6	2	3
1	4	2	7	6	8	3	5	9
3	7	9	5	2	4	8	6	1
5	8	6	1	9	3	2	4	7

Solution - 82

2	4	3	1	6	8	7	9	5
5	6	8	9	4	7	3	2	1
7	1	9	3	2	5	8	6	4
6	5	7	2	8	4	9	1	3
9	2	4	6	3	1	5	8	7
8	3	1	7	5	9	2	4	6
4	7	6	8	9	3	1	5	2
1	8	5	4	7	2	6	3	9
3	9	2	5	1	6	4	7	8
2	6	8	7	5	9	3	1	4
9	4	7	3	6	1	8	2	5
5	1	3	2	4	8	7	9	6
7	3	4	9	8	5	2	6	1
8	5	1	6	2	7	9	4	3
6	2	9	1	3	4	5	8	7

Solution - 83

5	1	7	9	6	8	2	3	4
9	2	3	1	4	7	5	8	6
4	6	8	3	2	5	7	1	9
6	4	2	7	5	1	8	9	3
3	9	1	2	8	4	6	7	5
7	8	5	6	3	9	1	4	2
1	3	6	4	7	2	9	5	8
8	7	4	5	9	6	3	2	1
2	5	9	8	1	3	4	6	7
7	8	5	9	3	4	6	1	2
9	6	2	1	8	5	7	4	3
3	4	1	6	2	7	8	9	5
4	9	3	7	5	1	2	8	6
5	2	8	3	6	9	1	7	4
6	1	7	2	4	8	5	3	9

Solution - 84

5	4	9	7	6	1	2	8	3
2	7	8	4	5	3	9	6	1
1	3	6	9	8	2	5	4	7
7	5	4	6	2	9	1	3	8
9	6	3	5	1	8	7	2	4
8	2	1	3	7	4	6	5	9
4	1	7	2	3	6	8	9	5
3	8	2	1	9	5	4	7	6
6	9	5	8	4	7	3	1	2
8	5	9	7	6	3	1	2	4
2	6	3	5	1	4	9	8	7
1	7	4	9	8	2	6	5	3
5	4	1	6	7	8	2	3	9
7	3	8	4	2	9	5	6	1
9	2	6	3	5	1	7	4	8

Solution - 85

3	6	8	5	7	1	9	2	4
4	7	2	9	8	3	1	6	5
5	1	9	6	2	4	3	8	7
2	5	7	1	6	9	4	3	8
9	8	6	4	3	7	2	5	1
1	3	4	8	5	2	6	7	9
7	2	1	3	9	8	5	4	6
6	9	3	7	4	5	8	1	2
8	4	5	2	1	6	7	9	3
9	3	7	1	6	4	2	8	5
2	6	8	5	7	9	4	3	1
5	1	4	8	2	3	6	7	9
4	7	9	6	3	2	1	5	8
1	8	6	9	5	7	3	2	4
3	5	2	4	8	1	9	6	7

Solution - 86

1	2	4	5	7	9	3	8	6
6	9	8	3	4	2	7	5	1
3	5	7	1	6	8	4	9	2
8	3	9	7	2	1	6	4	5
5	4	1	9	8	6	2	3	7
7	6	2	4	3	5	8	1	9
4	8	5	2	1	7	9	6	3
2	1	6	8	9	3	5	7	4
9	7	3	6	5	4	1	2	8
3	5	7	1	8	6	2	4	9
8	9	4	7	3	2	6	5	1
6	2	1	9	4	5	3	8	7
5	3	8	4	2	1	7	9	6
7	4	2	3	6	9	8	1	5
1	6	9	5	7	8	4	3	2

Solution - 87

8	3	7	1	4	2	9	5	6
9	2	6	3	8	5	1	7	4
5	4	1	6	7	9	8	3	2
1	7	2	5	6	3	4	8	9
6	5	8	9	1	4	7	2	3
3	9	4	7	2	8	5	6	1
2	8	9	4	3	7	6	1	5
4	6	3	8	5	1	2	9	7
7	1	5	2	9	6	3	4	8
8	5	6	1	4	9	7	2	3
1	2	4	5	7	3	8	6	9
9	3	7	6	2	8	4	5	1
3	4	2	9	8	5	1	7	6
5	7	1	3	6	4	9	8	2
6	9	8	7	1	2	5	3	4

Solution - 88

3	9	8	1	6	7	4	2	5
4	1	6	9	5	2	7	3	8
2	7	5	3	8	4	9	1	6
7	3	2	6	4	1	8	5	9
9	6	1	8	7	5	2	4	3
5	8	4	2	3	9	1	6	7
6	4	3	7	2	8	5	9	1
8	5	9	4	1	6	3	7	2
1	2	7	5	9	3	6	8	4
9	1	5	3	7	4	2	6	8
7	3	8	2	6	9	4	1	5
2	6	4	1	8	5	7	3	9
3	9	2	8	4	7	1	5	6
4	7	6	9	5	1	8	2	3
5	8	1	6	3	2	9	4	7

Solution - 89

1	8	6	7	9	2	3	4	5
3	2	4	6	8	5	9	1	7
9	5	7	1	3	4	8	2	6
4	6	5	9	2	3	7	8	1
2	9	1	8	7	6	4	5	3
8	7	3	4	5	1	2	6	9
6	1	2	3	4	7	5	9	8
5	3	8	2	1	9	6	7	4
7	4	9	5	6	8	1	3	2
1	8	3	7	9	2	4	6	5
4	9	7	6	5	1	8	2	3
2	6	5	8	3	4	7	1	9
9	7	6	4	8	3	2	5	1
3	5	4	1	2	6	9	8	7
8	2	1	9	7	5	3	4	6

Solution - 90

7	5	6	2	8	9	1	4	3
1	2	8	3	4	7	9	5	6
9	4	3	5	1	6	2	8	7
2	1	5	7	9	3	8	6	4
8	3	9	4	6	1	5	7	2
6	7	4	8	2	5	3	9	1
3	6	7	1	5	8	4	2	9
4	8	1	9	7	2	6	3	5
5	9	2	6	3	4	7	1	8
2	5	8	7	6	9	3	4	1
6	4	9	3	2	1	8	5	7
1	7	3	8	4	5	2	9	6
9	2	4	5	8	7	1	6	3
8	1	6	4	9	3	5	7	2
7	3	5	2	1	6	9	8	4

Solution - 91

3	4	5	7	8	2	6	9	1						
2	1	6	3	4	9	8	5	7						
9	7	8	1	5	6	4	3	2						
6	5	2	4	9	8	7	1	3						
4	9	7	2	1	3	5	6	8						
1	8	3	5	6	7	2	4	9						
5	2	1	8	3	4	9	7	6	5	2	1			
7	3	9	6	2	5	1	8	4	7	9	3			
8	6	4	9	7	1	3	2	5	6	4	8			
			5	4	8	6	1	7	2	3	9			
			2	6	3	5	9	8	4	1	7			
			1	9	7	2	4	3	8	6	5			
			4	1	9	7	5	2	3	8	6	4	1	9
			3	5	2	8	6	9	1	7	4	5	3	2
			7	8	6	4	3	1	9	5	2	8	6	7
						1	2	7	4	3	8	9	5	6
						5	4	3	7	6	9	2	8	1
						9	8	6	2	1	5	7	4	3
						6	9	8	5	2	1	3	7	4
						3	1	4	8	9	7	6	2	5
						2	7	5	6	4	3	1	9	8

Solution - 92

7	1	8	5	2	9	4	6	3						
6	3	9	7	1	4	5	8	2						
2	4	5	3	6	8	1	7	9						
5	2	4	6	7	3	8	9	1						
9	7	6	1	8	2	3	5	4						
3	8	1	4	9	5	7	2	6						
8	6	3	2	4	7	9	1	5	3	8	6			
4	9	2	8	5	1	6	3	7	2	9	4			
1	5	7	9	3	6	2	4	8	1	7	5			
			4	2	8	3	5	9	6	1	7			
			6	9	5	4	7	1	8	2	3			
			7	1	3	8	2	6	5	4	9			
			1	7	4	5	8	3	9	6	2	1	7	4
			5	6	2	1	9	4	7	3	8	2	6	5
			3	8	9	7	6	2	4	5	1	8	3	9
						6	4	8	2	7	9	5	1	3
						2	5	9	1	4	3	6	8	7
						3	1	7	5	8	6	9	4	2
						9	2	6	3	1	7	4	5	8
						8	3	5	6	9	4	7	2	1
						4	7	1	8	2	5	3	9	6

Solution - 93

3	2	7	4	1	9	8	6	5						
8	9	5	3	7	6	1	2	4						
1	4	6	8	5	2	7	3	9						
4	1	2	5	3	7	6	9	8						
7	6	9	2	4	8	5	1	3						
5	8	3	6	9	1	2	4	7						
9	5	8	1	6	3	4	7	2	9	5	8			
6	3	4	7	2	5	9	8	1	3	6	4			
2	7	1	9	8	4	3	5	6	2	1	7			
			6	1	9	2	3	7	4	8	5			
			2	5	8	6	1	4	7	9	3			
			4	3	7	8	9	5	1	2	6			
			3	4	2	5	6	9	8	7	1	2	4	3
			8	7	6	1	2	3	5	4	9	8	6	7
			5	9	1	7	4	8	6	3	2	1	9	5
						2	1	7	9	8	5	6	3	4
						6	3	4	2	1	7	9	5	8
						8	9	5	3	6	4	7	2	1
						4	5	6	1	9	8	3	7	2
						9	7	1	4	2	3	5	8	6
						3	8	2	7	5	6	4	1	9

Solution - 94

1	3	4	2	5	6	7	8	9						
6	7	2	3	8	9	1	5	4						
5	9	8	1	7	4	2	3	6						
4	5	1	9	6	8	3	2	7						
7	6	9	5	2	3	4	1	8						
8	2	3	7	4	1	6	9	5						
9	8	7	4	1	2	5	6	3	7	9	8			
2	4	6	8	3	5	9	7	1	4	6	2			
3	1	5	6	9	7	8	4	2	1	5	3			
			9	8	3	4	2	6	5	1	7			
			1	5	4	7	9	8	3	2	6			
			7	2	6	3	1	5	8	4	9			
			5	4	8	2	3	9	6	7	1	5	4	8
			2	7	1	6	8	4	9	3	5	1	2	7
			3	6	9	1	5	7	2	8	4	3	6	9
						8	9	6	4	1	2	7	5	3
						7	1	2	8	5	3	6	9	4
						5	4	3	7	9	6	8	1	2
						3	7	1	5	2	9	4	8	6
						9	6	8	1	4	7	2	3	5
						4	2	5	3	6	8	9	7	1

Solution - 95

8	5	3	7	2	4	1	9	6						
1	2	4	9	6	8	3	5	7						
9	7	6	3	1	5	2	4	8						
2	4	8	5	7	3	9	6	1						
7	6	1	2	4	9	5	8	3						
3	9	5	1	8	6	7	2	4						
5	8	9	4	3	1	6	7	2	8	9	5			
4	1	7	6	5	2	8	3	9	4	7	1			
6	3	2	8	9	7	4	1	5	6	2	3			
			9	4	8	1	6	3	7	5	2			
			2	1	6	5	9	7	3	8	4			
			3	7	5	2	4	8	1	6	9			
			1	6	9	7	2	4	5	3	8	1	6	9
			5	2	4	3	8	6	9	1	7	2	5	4
			7	8	3	9	5	1	2	4	6	7	3	8
						8	4	2	3	9	1	5	7	6
						5	3	9	6	7	2	8	4	1
						1	6	7	8	5	4	3	9	2
						2	1	3	7	6	9	4	8	5
						6	7	8	4	2	5	9	1	3
						4	9	5	1	8	3	6	2	7

Solution - 96

1	2	4	9	7	8	5	3	6						
8	7	3	6	4	5	2	1	9						
6	5	9	2	1	3	7	8	4						
4	1	8	3	5	2	6	9	7						
7	3	6	4	9	1	8	5	2						
2	9	5	8	6	7	1	4	3						
5	8	2	7	3	4	9	6	1	8	5	2			
3	6	7	1	8	9	4	2	5	7	6	3			
9	4	1	5	2	6	3	7	8	1	4	9			
			2	7	1	6	5	9	3	8	4			
			3	9	8	7	1	4	5	2	6			
			6	4	5	2	8	3	9	1	7			
			9	1	3	8	4	6	2	7	5	9	3	1
			8	6	7	5	3	2	4	9	1	8	7	6
			4	5	2	1	9	7	6	3	8	5	2	4
						6	1	8	7	5	3	4	9	2
						3	5	4	1	2	9	6	8	7
						2	7	9	8	6	4	1	5	3
						7	8	1	9	4	2	3	6	5
						9	2	5	3	1	6	7	4	8
						4	6	3	5	8	7	2	1	9

Solution - 97

1 7 8	9 6 4	5 2 3		
4 5 9	7 2 3	1 6 8		
6 3 2	1 5 8	9 7 4		
8 6 1	3 4 2	7 9 5		
5 4 3	6 9 7	8 1 2		
2 9 7	5 8 1	4 3 6		
3 2 5	8 1 9	6 4 7	5 3 2	
9 8 4	2 7 6	3 5 1	8 4 9	
7 1 6	4 3 5	2 8 9	1 6 7	
	3 2 7	8 9 4	6 1 5	
	1 6 8	5 3 2	7 9 4	
	5 9 4	7 1 6	2 8 3	
	6 8 2	9 7 3	4 5 1	6 8 2
	9 5 1	4 2 8	3 7 6	1 9 5
	7 4 3	1 6 5	9 2 8	7 4 3
		2 3 4	8 1 9	5 6 7
		5 1 9	2 6 7	4 3 8
		6 8 7	5 3 4	2 1 9
		7 5 1	6 9 3	8 2 4
		3 4 2	1 8 5	9 7 6
		8 9 6	7 4 2	3 5 1

Solution - 98

8 7 3	9 4 6	5 2 1		
5 6 1	8 3 2	4 7 9		
4 9 2	5 1 7	3 8 6		
9 4 7	1 8 3	2 6 5		
3 2 6	7 9 5	1 4 8		
1 5 8	2 6 4	7 9 3		
6 1 5	4 2 8	9 3 7	6 1 5	
2 8 9	3 7 1	6 5 4	8 2 9	
7 3 4	6 5 9	8 1 2	7 4 3	
	2 4 6	7 8 3	9 5 1	
	7 1 5	2 4 9	3 6 8	
	9 8 3	5 6 1	4 7 2	
	8 9 7	1 2 6	5 3 4	7 9 8
	5 3 2	4 7 8	1 9 6	5 2 3
	1 6 4	3 9 5	2 8 7	4 6 1
		7 4 3	6 5 1	2 8 9
		2 8 9	7 4 3	6 1 5
		5 6 1	8 2 9	3 7 4
		9 1 2	4 6 5	8 3 7
		6 3 4	9 7 8	1 5 2
		8 5 7	3 1 2	9 4 6

Solution - 99

8 9 1	5 2 4	6 3 7		
6 4 7	9 1 3	2 5 8		
3 5 2	8 7 6	4 1 9		
2 3 4	6 5 7	9 8 1		
7 1 8	4 3 9	5 6 2		
5 6 9	2 8 1	3 7 4		
4 2 3	1 6 8	7 9 5	4 3 2	
1 7 5	3 9 2	8 4 6	5 7 1	
9 8 6	7 4 5	1 2 3	8 9 6	
	9 3 1	6 7 8	2 4 5	
	4 2 6	3 5 9	1 8 7	
	5 8 7	4 1 2	3 6 9	
	6 5 3	2 8 7	9 1 4	5 6 3
	8 1 9	5 6 4	7 2 3	9 8 1
	2 7 4	9 3 1	6 5 8	7 4 2
		7 4 9	8 3 1	2 5 6
		1 5 3	2 7 6	8 9 4
		8 2 6	4 9 5	1 3 7
		4 1 8	5 6 2	3 7 9
		6 9 2	3 8 7	4 1 5
		3 7 5	1 4 9	6 2 8

Solution - 100

6 8 2	4 7 1	9 5 3		
1 7 5	6 9 3	2 8 4		
9 3 4	8 5 2	1 7 6		
2 9 8	3 4 7	5 6 1		
7 1 6	5 2 8	4 3 9		
5 4 3	9 1 6	7 2 8		
4 6 7	2 8 9	3 1 5	6 7 4	
3 2 9	1 6 5	8 4 7	3 2 9	
8 5 1	7 3 4	6 9 2	8 1 5	
	9 5 7	4 2 8	1 6 3	
	4 2 8	1 3 6	5 9 7	
	3 1 6	7 5 9	4 8 2	
	5 4 2	9 6 1	7 3 8	2 4 5
	6 7 3	2 8 4	9 5 1	7 3 6
	8 9 1	5 7 3	2 4 6	1 8 9
		7 1 6	3 2 9	4 5 8
		4 9 2	8 1 5	6 7 3
		8 3 5	6 7 4	9 1 2
		1 2 9	4 8 3	5 6 7
		6 4 8	5 9 7	3 2 1
		3 5 7	1 6 2	8 9 4

Solution - 101

6 5 8	1 2 3	9 7 4		
3 7 1	8 4 9	6 2 5		
4 9 2	5 7 6	1 3 8		
5 2 9	4 3 8	7 1 6		
8 1 4	2 6 7	5 9 3		
7 3 6	9 1 5	8 4 2		
2 6 7	3 8 1	4 5 9	2 6 7	
1 4 5	6 9 2	3 8 7	5 1 4	
9 8 3	7 5 4	2 6 1	9 8 3	
	4 6 5	7 9 8	3 2 1	
	2 3 7	6 1 4	8 5 9	
	9 1 8	5 3 2	4 7 6	
	1 2 9	8 4 6	7 3 5	1 2 9
	8 4 3	1 7 5	6 9 2	8 3 4
	5 7 6	9 2 3	1 4 8	5 7 6
		6 9 7	5 8 3	4 1 2
		5 1 2	4 6 9	3 8 7
		4 3 8	2 7 1	9 6 5
		7 8 9	3 5 6	2 4 1
		3 6 1	9 2 4	7 5 8
		2 5 4	8 1 7	6 9 3

Solution - 102

4 1 9	3 8 2	5 7 6		
8 2 7	4 5 6	1 3 9		
5 3 6	7 1 9	8 4 2		
6 4 1	5 9 3	7 2 8		
7 5 2	8 4 1	6 9 3		
9 8 3	6 2 7	4 1 5		
2 7 4	9 6 8	3 5 1	4 2 7	
3 9 8	1 7 5	2 6 4	3 8 9	
1 6 5	2 3 4	9 8 7	1 6 5	
	6 1 2	5 7 8	9 4 3	
	5 8 7	4 9 3	6 1 2	
	4 9 3	1 2 6	7 5 8	
	8 5 1	7 4 9	2 3 6	1 5 8
	7 4 6	8 3 2	5 9 1	7 6 4
	3 2 9	6 1 5	8 7 4	2 3 9
		1 8 3	7 5 2	9 4 6
		9 2 6	4 1 8	3 7 5
		5 7 4	9 6 3	8 1 2
		2 5 7	3 4 9	6 8 1
		3 9 1	6 8 5	4 2 7
		4 6 8	1 2 7	5 9 3

Solution - 103

5	7	1	3	4	2	6	9	8						
3	8	6	1	9	5	4	2	7						
4	9	2	6	8	7	3	1	5						
1	4	7	2	6	8	5	3	9						
8	5	9	4	3	1	2	7	6						
6	2	3	7	5	9	1	8	4						
2	6	8	9	1	4	7	5	3	8	2	6			
7	3	5	8	2	6	9	4	1	5	3	7			
9	1	4	5	7	3	8	6	2	4	1	9			
			2	3	1	4	9	5	6	7	8			
			7	9	5	6	1	8	2	4	3			
			4	6	8	2	3	7	9	5	1			
			1	4	9	5	7	6	3	8	2	9	1	4
			6	8	7	3	2	4	1	9	5	8	6	7
			3	5	2	1	8	9	7	6	4	3	2	5
						4	9	5	8	1	7	6	3	2
						6	1	7	9	2	3	5	4	8
						8	3	2	5	4	6	1	7	9
						7	5	8	2	3	1	4	9	6
						9	4	1	6	7	8	2	5	3
						2	6	3	4	5	9	7	8	1

Solution - 104

1	2	7	4	3	8	9	6	5						
4	5	9	7	2	6	8	3	1						
6	8	3	1	9	5	4	7	2						
5	3	1	8	7	2	6	9	4						
2	4	8	3	6	9	5	1	7						
7	9	6	5	1	4	3	2	8						
9	6	5	2	4	7	1	8	3	5	9	6			
8	1	2	6	5	3	7	4	9	1	2	8			
3	7	4	9	8	1	2	5	6	3	4	7			
			5	9	2	3	7	1	6	8	4			
			8	7	4	9	6	5	2	1	3			
			1	3	6	4	2	8	9	7	5			
			7	6	5	8	9	2	4	3	1	5	6	7
			3	2	8	6	1	4	7	5	9	8	3	2
			4	1	9	5	3	7	8	6	2	4	1	9
						2	5	9	3	1	4	7	8	6
						1	8	3	9	7	6	2	4	5
						4	7	6	2	8	5	3	9	1
						3	4	1	5	9	7	6	2	8
						9	2	5	6	4	8	1	7	3
						7	6	8	1	2	3	9	5	4

Solution - 105

5	8	4	7	2	9	3	6	1						
6	7	3	8	1	5	2	4	9						
9	1	2	6	4	3	7	8	5						
8	6	7	3	5	4	1	9	2						
1	2	5	9	7	8	6	3	4						
4	3	9	2	6	1	8	5	7						
7	9	8	4	3	2	5	1	6	9	8	7			
3	5	6	1	9	7	4	2	8	6	3	5			
2	4	1	5	8	6	9	7	3	2	4	1			
			6	2	4	7	3	9	1	5	8			
			3	5	9	6	8	1	4	7	2			
			8	7	1	2	4	5	3	9	6			
			7	1	5	3	6	4	8	2	9	7	1	5
			2	6	3	8	9	7	5	1	4	2	6	3
			9	4	8	1	5	2	7	6	3	8	9	4
						7	2	3	6	8	1	5	4	9
						5	1	9	2	4	7	3	8	6
						4	8	6	3	9	5	1	2	7
						2	3	8	9	5	6	4	7	1
						6	7	1	4	3	2	9	5	8
						9	4	5	1	7	8	6	3	2

Solution - 106

6	8	9	7	4	3	2	1	5						
7	2	1	6	5	9	8	3	4						
5	3	4	1	2	8	7	9	6						
9	6	2	8	7	4	3	5	1						
1	7	5	2	3	6	4	8	9						
3	4	8	5	9	1	6	2	7						
4	5	6	9	8	2	1	7	3	6	5	4			
2	9	3	4	1	7	5	6	8	9	3	2			
8	1	7	3	6	5	9	4	2	1	8	7			
			2	9	1	4	8	6	3	7	5			
			5	3	8	7	9	1	2	4	6			
			6	7	4	2	3	5	8	1	9			
			8	2	9	3	5	7	4	6	1	2	8	9
			1	5	6	8	2	4	7	9	3	1	5	6
			7	4	3	6	1	9	5	2	8	3	4	7
						9	6	1	8	5	2	7	3	4
						7	8	3	9	4	6	5	1	2
						2	4	5	1	3	7	6	9	8
						1	3	2	6	8	9	4	7	5
						5	9	6	3	7	4	8	2	1
						4	7	8	2	1	5	9	6	3

Solution - 107

5	1	6	8	3	2	4	7	9						
8	2	3	4	9	7	1	6	5						
7	9	4	1	6	5	8	3	2						
1	7	2	6	8	3	9	5	4						
6	4	5	7	2	9	3	1	8						
3	8	9	5	4	1	7	2	6						
2	6	8	3	7	4	5	9	1	6	2	8			
9	5	7	2	1	8	6	4	3	9	7	5			
4	3	1	9	5	6	2	8	7	1	3	4			
			6	2	9	1	5	4	7	8	3			
			5	3	1	7	2	8	4	9	6			
			8	4	7	9	3	6	2	5	1			
			7	6	5	8	1	2	3	4	9	6	7	5
			4	9	2	3	6	5	8	1	7	2	9	4
			1	8	3	4	7	9	5	6	2	8	3	1
						9	5	8	2	3	6	1	4	7
						6	2	7	4	5	1	3	8	9
						1	3	4	7	9	8	5	2	6
						7	9	6	1	2	3	4	5	8
						5	8	3	6	7	4	9	1	2
						2	4	1	9	8	5	7	6	3

Solution - 108

3	4	9	6	5	2	1	8	7						
6	7	1	9	4	8	2	5	3						
8	2	5	3	1	7	6	9	4						
7	5	3	2	9	4	8	1	6						
4	6	2	5	8	1	7	3	9						
9	1	8	7	3	6	5	4	2						
1	8	7	4	6	9	3	2	5	7	1	8			
2	3	4	8	7	5	9	6	1	3	4	2			
5	9	6	1	2	3	4	7	8	5	6	9			
			7	1	4	5	9	3	8	2	6			
			2	9	6	1	8	7	4	3	5			
			3	5	8	6	4	2	1	9	7			
			9	8	7	2	1	4	6	5	3	7	8	9
			5	4	2	8	3	6	9	7	1	2	5	4
			6	3	1	7	5	9	2	8	4	6	3	1
						4	7	1	5	3	6	9	2	8
						3	2	5	1	9	8	4	6	7
						6	9	8	4	2	7	5	1	3
						5	6	3	7	1	9	8	4	2
						1	4	7	8	6	2	3	9	5
						9	8	2	3	4	5	1	7	6

Solution - 109

5	9	2	6	3	1	4	8	7						
7	8	3	4	5	9	2	6	1						
4	1	6	8	2	7	9	5	3						
1	4	9	3	7	8	6	2	5						
8	3	7	5	6	2	1	9	4						
6	2	5	1	9	4	3	7	8						
3	7	4	9	8	6	5	1	2	3	4	7			
2	6	1	7	4	5	8	3	9	1	6	2			
9	5	8	2	1	3	7	4	6	9	5	8			
			6	2	7	9	8	5	4	3	1			
			5	9	1	4	7	3	2	8	6			
			8	3	4	6	2	1	7	9	5			
			4	7	2	3	5	8	6	1	9	4	7	2
			1	6	8	2	9	4	5	7	3	8	6	1
			3	5	9	1	6	7	8	2	4	5	3	9
						7	2	6	1	3	5	9	4	8
						8	4	9	7	6	2	1	5	3
						5	3	1	9	4	8	7	2	6
						4	8	2	3	5	1	6	9	7
						9	7	3	4	8	6	2	1	5
						6	1	5	2	9	7	3	8	4

Solution - 110

3	9	7	8	5	4	6	1	2						
2	4	1	9	3	6	7	8	5						
5	8	6	2	1	7	3	4	9						
7	2	4	6	9	8	1	5	3						
9	6	3	1	2	5	8	7	4						
8	1	5	4	7	3	9	2	6						
4	3	9	5	8	1	2	6	7	9	4	3			
1	5	2	7	6	9	4	3	8	1	5	2			
6	7	8	3	4	2	5	9	1	6	8	7			
			9	7	5	6	8	3	4	2	1			
			4	2	8	9	1	5	7	3	6			
			1	3	6	7	2	4	8	9	5			
			6	9	3	1	4	2	5	7	8	6	3	9
			2	1	7	8	5	9	3	6	4	2	1	7
			8	5	4	3	7	6	2	1	9	4	8	5
						6	1	3	9	8	2	5	7	4
						9	8	5	1	4	7	3	2	6
						7	2	4	6	5	3	8	9	1
						2	6	1	7	3	5	9	4	8
						4	9	7	8	2	6	1	5	3
						5	3	8	4	9	1	7	6	2

Solution - 111

9	2	4	1	7	8	3	6	5						
6	1	7	9	5	3	2	4	8						
5	8	3	2	6	4	9	7	1						
4	9	8	3	2	7	1	5	6						
2	3	6	4	1	5	7	8	9						
1	7	5	6	8	9	4	3	2						
7	5	1	8	3	2	6	9	4	5	7	1			
3	6	9	5	4	1	8	2	7	3	9	6			
8	4	2	7	9	6	5	1	3	4	2	8			
			6	2	9	4	8	5	7	1	3			
			1	7	5	9	3	2	8	6	4			
			4	8	3	7	6	1	9	5	2			
			3	1	8	2	5	9	6	4	7	8	3	1
			2	5	4	3	7	6	1	8	9	2	4	5
			9	6	7	1	4	8	2	3	5	7	9	6
						7	8	3	5	9	4	1	6	2
						6	1	4	8	7	2	9	5	3
						9	2	5	3	6	1	4	8	7
						5	9	7	4	1	3	6	2	8
						4	6	2	7	5	8	3	1	9
						8	3	1	9	2	6	5	7	4

Solution - 112

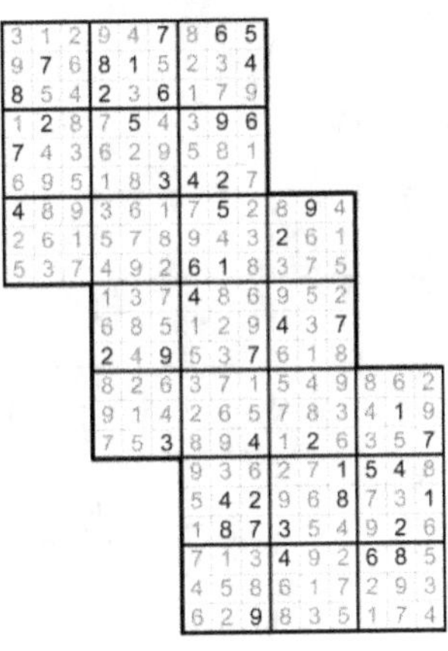

3	1	2	9	4	7	8	6	5						
9	7	6	8	1	5	2	3	4						
8	5	4	2	3	6	1	7	9						
1	2	8	7	5	4	3	9	6						
7	4	3	6	2	9	5	8	1						
6	9	5	1	8	3	4	2	7						
4	8	9	3	6	1	7	5	2	8	9	4			
2	6	1	5	7	8	9	4	3	2	6	1			
5	3	7	4	9	2	6	1	8	3	7	5			
			1	3	7	4	8	6	9	5	2			
			6	8	5	1	2	9	4	3	7			
			2	4	9	5	3	7	6	1	8			
			8	2	6	3	7	1	5	4	9	8	6	2
			9	1	4	2	6	5	7	8	3	4	1	9
			7	5	3	8	9	4	1	2	6	3	5	7
						9	3	6	2	7	1	5	4	8
						5	4	2	9	6	8	7	3	1
						1	8	7	3	5	4	9	2	6
						7	1	3	4	9	2	6	8	5
						4	5	8	6	1	7	2	9	3
						6	2	9	8	3	5	1	7	4

Solution - 113

4	6	3	1	2	9	5	8	7						
1	7	5	3	8	4	2	9	6						
2	8	9	5	7	6	1	3	4						
3	2	6	9	5	7	4	1	8						
7	4	8	2	1	3	9	6	5						
5	9	1	6	4	8	3	7	2						
9	5	7	8	3	2	6	4	1	7	9	5			
6	1	4	7	9	5	8	2	3	4	1	6			
8	3	2	4	6	1	7	5	9	2	3	8			
			9	1	3	2	8	4	5	6	7			
			6	8	4	5	3	7	9	2	1			
			2	5	7	9	1	6	8	4	3			
			3	2	8	4	6	5	1	7	9	8	3	2
			5	7	6	1	9	2	3	8	4	7	5	6
			1	4	9	3	7	8	6	5	2	1	9	4
						2	8	4	7	3	6	5	1	9
						5	3	6	8	9	1	4	2	7
						7	1	9	4	2	5	3	6	8
						6	4	7	9	1	3	2	8	5
						8	2	3	5	6	7	9	4	1
						9	5	1	2	4	8	6	7	3

Solution - 114

5	4	1	6	7	8	2	3	9						
8	3	6	1	9	2	5	7	4						
9	2	7	4	3	5	6	8	1						
4	7	2	9	8	1	3	6	5						
1	6	9	7	5	3	4	2	8						
3	8	5	2	6	4	1	9	7						
7	5	3	8	1	6	9	4	2	7	5	3			
6	9	4	5	2	7	8	1	3	4	6	9			
2	1	8	3	4	9	7	5	6	2	1	8			
			9	5	4	3	2	1	8	7	6			
			7	8	3	5	6	9	1	4	2			
			2	6	1	4	8	7	9	3	5			
			6	7	2	1	9	5	3	8	4	6	7	2
			1	9	8	6	3	4	5	2	7	1	8	9
			4	3	5	2	7	8	6	9	1	4	3	5
						5	2	3	4	1	8	9	6	7
						4	6	7	9	5	2	8	1	3
						9	8	1	7	3	6	2	5	4
						3	1	2	8	4	5	7	9	6
						8	5	6	2	7	9	3	4	1
						7	4	9	1	6	3	5	2	8

Solution - 115

3	9	8	2	7	6	5	4	1						
7	1	4	5	9	8	3	2	6						
6	2	5	4	3	1	7	9	8						
1	4	6	7	8	5	2	3	9						
5	3	9	1	4	2	6	8	7						
8	7	2	9	6	3	1	5	4						
2	5	7	8	1	4	9	6	3	7	5	2			
9	8	3	6	5	7	4	1	2	3	8	9			
4	6	1	3	2	9	8	7	5	6	1	4			
			7	6	3	1	8	4	2	9	5			
			4	9	5	6	2	7	1	3	8			
			1	8	2	3	5	9	4	6	7			
			5	4	1	2	9	6	8	7	3	1	5	4
			9	3	8	7	4	1	5	2	6	8	9	3
			2	7	6	5	3	8	9	4	1	7	6	2
						6	2	3	4	9	8	5	7	1
						4	7	9	2	1	5	6	3	8
						8	1	5	6	3	7	2	4	9
						9	5	2	1	6	4	3	8	7
						3	6	4	7	8	2	9	1	5
						1	8	7	3	5	9	4	2	6

Solution - 116

3	8	9	6	2	4	7	1	5						
6	2	7	5	3	1	4	8	9						
5	1	4	7	9	8	6	2	3						
2	9	3	4	6	5	8	7	1						
4	6	8	1	7	3	9	5	2						
1	7	5	2	8	9	3	6	4						
7	4	6	3	1	2	5	9	8	7	6	4			
9	5	2	8	4	6	1	3	7	5	9	2			
8	3	1	9	5	7	2	4	6	3	1	8			
			7	6	4	3	5	9	2	8	1			
			5	2	3	8	6	1	4	7	9			
			1	8	9	7	2	4	6	3	5			
			4	9	1	6	7	2	8	5	3	1	4	9
			6	3	8	4	1	5	9	2	7	6	8	3
			2	7	5	9	8	3	1	4	6	5	7	2
						3	2	1	7	8	5	4	9	6
						7	5	4	3	6	9	8	2	1
						8	6	9	4	1	2	7	3	5
						5	4	7	2	9	1	3	6	8
						1	9	8	6	3	4	2	5	7
						2	3	6	5	7	8	9	1	4

Solution - 117

5	7	4	8	1	2	6	9	3						
8	9	6	4	3	5	1	2	7						
3	2	1	9	7	6	4	5	8						
6	1	3	7	5	8	9	4	2						
9	4	5	3	2	1	8	7	6						
7	8	2	6	4	9	3	1	5						
1	5	8	2	6	4	7	3	9	8	1	5			
2	3	9	1	8	7	5	6	4	2	9	3			
4	6	7	5	9	3	2	8	1	6	7	4			
			9	7	8	4	2	5	1	3	6			
			4	3	2	1	9	6	7	5	8			
			6	1	5	3	7	8	9	4	2			
			3	5	6	9	1	2	4	8	7	6	3	5
			7	2	1	8	4	3	5	6	9	1	7	2
			8	4	9	6	5	7	3	2	1	8	4	9
						3	2	6	9	1	4	7	5	8
						5	7	1	8	3	2	4	9	6
						4	9	8	6	7	5	2	1	3
						7	8	4	2	5	3	9	6	1
						1	6	5	7	9	8	3	2	4
						2	3	9	1	4	6	5	8	7

Solution - 118

9	4	6	5	8	7	2	3	1						
7	8	2	9	1	3	5	4	6						
5	3	1	4	6	2	8	9	7						
2	7	9	6	4	1	3	5	8						
4	6	3	7	5	8	9	1	2						
8	1	5	3	2	9	7	6	4						
1	9	4	8	7	5	6	2	3	1	9	4			
6	5	7	2	3	4	1	8	9	6	7	5			
3	2	8	1	9	6	4	7	5	3	2	8			
			4	6	2	8	9	7	5	3	1			
			3	1	9	2	5	6	8	4	7			
			5	8	7	3	1	4	9	6	2			
			7	2	1	9	6	8	4	5	3	1	7	2
			6	4	8	5	3	2	7	1	9	8	6	4
			9	5	3	7	4	1	2	8	6	5	3	9
						8	5	6	9	2	1	3	4	7
						3	2	4	6	7	5	9	8	1
						1	7	9	3	4	8	2	5	6
						6	8	7	1	3	2	4	9	5
						2	9	3	5	6	4	7	1	8
						4	1	5	8	9	7	6	2	3

Solution - 119

6	1	2	8	3	7	9	4	5						
4	8	5	9	6	2	7	3	1						
3	9	7	4	5	1	6	2	8						
1	4	9	3	2	6	5	8	7						
7	6	3	1	8	5	2	9	4						
2	5	8	7	4	9	3	1	6						
8	3	6	5	9	4	1	7	2	6	8	3			
5	7	4	2	1	3	8	6	9	5	7	4			
9	2	1	6	7	8	4	5	3	9	2	1			
			4	3	2	9	1	5	7	6	8			
			7	8	9	6	3	4	1	5	2			
			1	5	6	7	2	8	4	3	9			
			3	6	7	2	4	1	8	9	5	7	3	6
			9	2	1	5	8	6	3	4	7	9	1	2
			8	4	5	3	9	7	2	1	6	8	5	4
						9	2	5	6	8	1	4	7	3
						4	6	3	9	7	2	5	8	1
						7	1	8	5	3	4	2	6	9
						8	5	2	1	6	9	3	4	7
						6	3	4	7	2	8	1	9	5
						1	7	9	4	5	3	6	2	8

Solution - 120

5	7	4	8	1	2	6	9	3						
8	9	6	4	3	5	1	2	7						
3	2	1	9	7	6	4	5	8						
6	1	3	7	5	8	9	4	2						
9	4	5	3	2	1	8	7	6						
7	8	2	6	4	9	3	1	5						
1	5	8	2	6	4	7	3	9	8	1	5			
2	3	9	1	8	7	5	6	4	2	9	3			
4	6	7	5	9	3	2	8	1	6	7	4			
			9	7	8	4	2	5	1	3	6			
			4	3	2	1	9	6	7	5	8			
			6	1	5	3	7	8	9	4	2			
			3	5	6	9	1	2	4	8	7	6	3	5
			7	2	1	8	4	3	5	6	9	1	7	2
			8	4	9	6	5	7	3	2	1	8	4	9
						3	2	6	9	1	4	7	5	8
						5	7	1	8	3	2	4	9	6
						4	9	8	6	7	5	2	1	3
						7	8	4	2	5	3	9	6	1
						1	6	5	7	9	8	3	2	4
						2	3	9	1	4	6	5	8	7

Solution - 121

5	4	9	3	2	7	6	1	8						
3	1	6	9	8	5	2	7	4						
8	7	2	1	4	6	9	5	3						
6	2	8	4	5	3	1	9	7						
1	9	5	8	7	2	3	4	6						
4	3	7	6	9	1	8	2	5						
2	5	3	7	6	9	4	8	1	3	2	5			
7	8	1	2	3	4	5	6	9	7	1	8			
9	6	4	5	1	8	7	3	2	6	4	9			
			1	4	3	9	7	5	2	8	6			
			9	8	7	2	1	6	4	5	3			
			6	2	5	8	4	3	1	9	7			
			8	5	6	1	2	7	9	3	4	6	8	5
			4	7	2	3	9	8	5	6	1	2	4	7
			3	9	1	6	5	4	8	7	2	3	9	1
						8	7	6	1	2	9	4	5	3
						5	4	2	3	8	7	9	1	6
						9	1	3	6	4	5	7	2	8
						4	3	9	7	5	8	1	6	2
						2	6	5	4	1	3	8	7	9
						7	8	1	2	9	6	5	3	4

Solution - 122

5	4	9	6	1	3	2	8	7						
2	3	7	5	9	8	1	4	6						
1	6	8	2	7	4	9	5	3						
6	1	4	7	5	9	8	3	2						
9	8	3	4	6	2	7	1	5						
7	2	5	8	3	1	4	6	9						
3	7	2	1	8	5	6	9	4	3	7	2			
8	5	6	9	4	7	3	2	1	5	8	6			
4	9	1	3	2	6	5	7	8	4	1	9			
			8	1	3	4	5	9	6	2	7			
			4	7	2	8	1	6	9	3	5			
			6	5	9	2	3	7	1	4	8			
			5	6	4	7	8	3	2	9	1	4	6	5
			2	9	8	1	4	5	7	6	3	2	8	9
			7	3	1	9	6	2	8	5	4	1	3	7
						4	1	9	3	2	7	8	5	6
						8	5	6	4	1	9	3	7	2
						2	3	7	5	8	6	9	4	1
						6	7	8	1	3	2	5	9	4
						3	9	1	6	4	5	7	2	8
						5	2	4	9	7	8	6	1	3

Solution - 123

4	6	3	1	2	9	5	8	7						
1	7	5	3	8	4	2	9	6						
2	8	9	5	7	6	1	3	4						
3	2	6	9	5	7	4	1	8						
7	4	8	2	1	3	9	6	5						
5	9	1	6	4	8	3	7	2						
9	5	7	8	3	2	6	4	1	7	9	5			
6	1	4	7	9	5	8	2	3	4	1	6			
8	3	2	4	6	1	7	5	9	2	3	8			
			9	1	3	2	8	4	5	6	7			
			6	8	4	5	3	7	9	2	1			
			2	5	7	9	1	6	8	4	3			
			3	2	8	4	6	5	1	7	9	8	3	2
			5	7	6	1	9	2	3	8	4	7	5	6
			1	4	9	3	7	8	6	5	2	1	9	4
						2	8	4	7	3	6	5	1	9
						5	3	6	8	9	1	4	2	7
						7	1	9	4	2	5	3	6	8
						6	4	7	9	1	3	2	8	5
						8	2	3	5	6	7	9	4	1
						9	5	1	2	4	8	6	7	3

Solution - 124

6	7	9	3	1	4	8	5	2						
1	4	3	5	8	2	7	6	9						
2	5	8	7	9	6	3	4	1						
5	1	7	9	4	3	2	8	6						
4	8	2	1	6	5	9	3	7						
9	3	6	2	7	8	4	1	5						
7	6	5	8	3	9	1	2	4	6	5	7			
3	9	4	6	2	1	5	7	8	3	9	4			
8	2	1	4	5	7	6	9	3	1	2	8			
			1	9	6	8	5	7	4	3	2			
			3	4	8	9	1	2	5	7	6			
			5	7	2	4	3	6	9	8	1			
			7	1	4	3	8	5	2	6	9	1	4	7
			2	6	5	7	4	9	8	1	3	5	2	6
			9	8	3	2	6	1	7	4	5	8	3	9
						6	7	2	9	3	8	4	5	1
						5	3	4	1	7	2	9	6	8
						1	9	8	4	5	6	2	7	3
						9	5	7	6	2	1	3	8	4
						8	2	6	3	9	4	7	1	5
						4	1	3	5	8	7	6	9	2

Solution - 125

1	7	8	9	6	4	5	2	3						
4	5	9	7	2	3	1	6	8						
6	3	2	1	5	8	9	7	4						
8	6	1	3	4	2	7	9	5						
5	4	3	6	9	7	8	1	2						
2	9	7	5	8	1	4	3	6						
3	2	5	8	1	9	6	4	7	5	3	2			
9	8	4	2	7	6	3	5	1	8	4	9			
7	1	6	4	3	5	2	8	9	1	6	7			
			3	2	7	8	9	4	6	1	5			
			1	6	8	5	3	2	7	9	4			
			5	9	4	7	1	6	2	8	3			
			6	8	2	9	7	3	4	5	1	6	8	2
			9	5	1	4	2	8	3	7	6	1	9	5
			7	4	3	1	6	5	9	2	8	7	4	3
						2	3	4	8	1	9	5	6	7
						5	1	9	2	6	7	4	3	8
						6	8	7	5	3	4	2	1	9
						7	5	1	6	9	3	8	2	4
						3	4	2	1	8	5	9	7	6
						8	9	6	7	4	2	3	5	1

Solution - 126

5	6	2	8	7	3	4	1	9						
8	9	4	2	6	1	3	7	5						
1	3	7	5	4	9	8	2	6						
9	7	5	3	2	6	1	4	8						
6	8	3	7	1	4	9	5	2						
2	4	1	9	5	8	7	6	3						
4	1	9	6	8	2	5	3	7	9	4	1			
3	5	6	1	9	7	2	8	4	5	6	3			
7	2	8	4	3	5	6	9	1	7	8	2			
			9	4	6	7	2	5	1	3	8			
			3	2	8	4	1	9	6	5	7			
			5	7	1	8	6	3	4	2	9			
			2	1	9	3	4	6	8	7	5	9	1	2
			7	6	3	1	5	8	2	9	4	3	7	6
			8	5	4	9	7	2	3	1	6	8	5	4
						6	9	4	7	5	8	2	3	1
						5	3	7	4	2	1	6	8	9
						8	2	1	6	3	9	7	4	5
						7	8	5	9	4	2	1	6	3
						4	6	9	1	8	3	5	2	7
						2	1	3	5	6	7	4	9	8

Solution - 127

Solution - 128

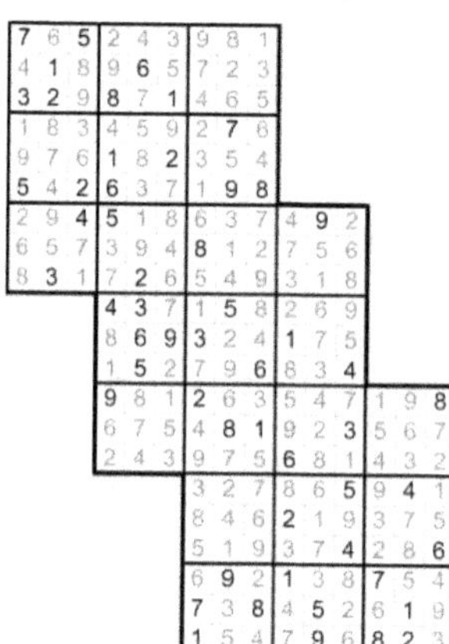

Solution - 129

Solution - 130

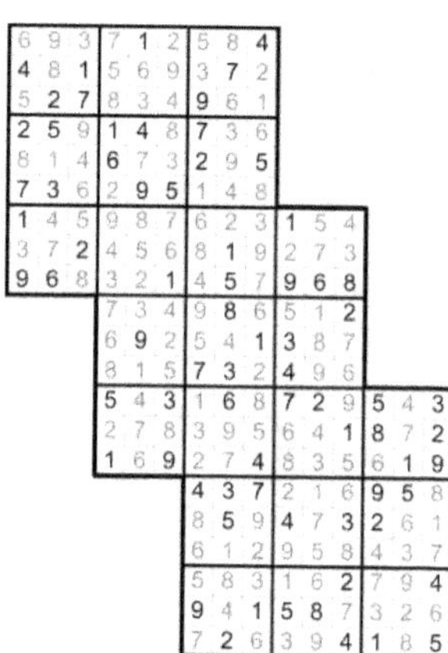

Solution - 131

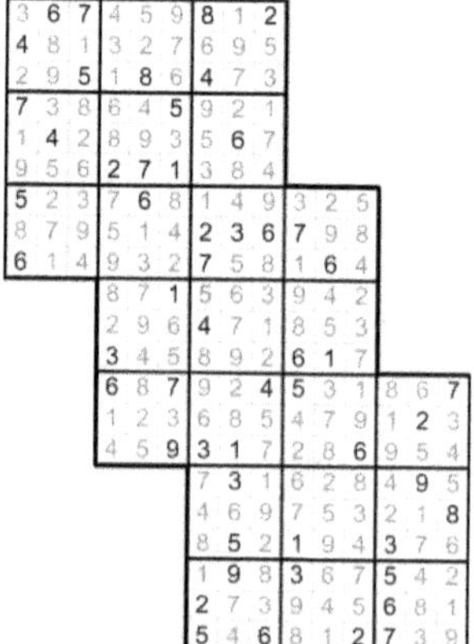

Solution - 132

Solution - 133

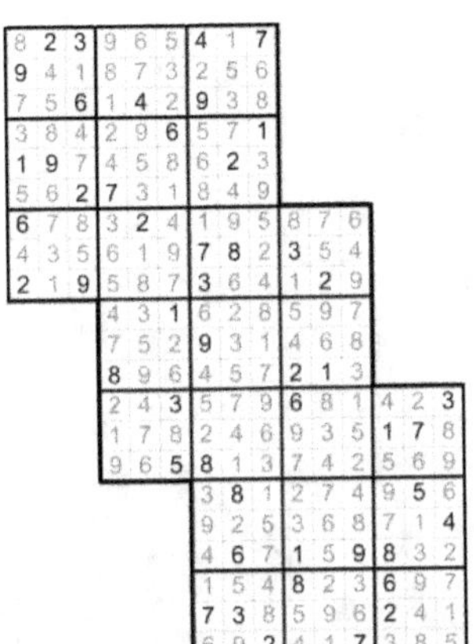

Solution - 134

Solution - 135

Solution - 136

Solution - 137

Solution - 138

Solution - 139

5	1	9	4	2	7	8	3	6						
8	6	3	1	9	5	4	2	7						
2	7	4	6	3	8	9	5	1						
3	9	2	8	5	1	7	6	4						
6	8	1	3	7	4	2	9	5						
7	4	5	2	6	9	1	8	3						
4	2	7	5	8	3	6	1	9	7	2	4			
9	3	8	7	1	6	5	4	2	9	3	8			
1	5	6	9	4	2	3	7	8	5	1	6			
			4	5	1	9	6	7	3	8	2			
			2	9	7	8	3	4	6	5	1			
			3	6	8	1	2	5	4	7	9			
			6	3	4	2	5	1	8	9	7	3	6	4
			8	2	5	7	9	6	1	4	3	5	8	2
			1	7	9	4	8	3	2	6	5	1	7	9
						5	1	7	9	8	6	2	4	3
						3	6	4	7	5	2	9	1	8
						9	2	8	3	1	4	6	5	7
						6	3	5	4	7	9	8	2	1
						8	7	2	5	3	1	4	9	6
						1	4	9	6	2	8	7	3	5

Solution - 140

4	5	9	8	7	6	2	3	1						
8	1	3	4	2	9	5	6	7						
7	6	2	1	3	5	8	9	4						
6	3	5	9	8	4	7	1	2						
1	9	8	7	6	2	4	5	3						
2	4	7	5	1	3	6	8	9						
3	2	4	6	5	1	9	7	8	3	2	4			
9	8	6	3	4	7	1	2	5	8	9	6			
5	7	1	2	9	8	3	4	6	7	1	5			
			1	7	3	5	6	4	9	8	2			
			5	6	9	8	1	2	4	3	7			
			4	8	2	7	9	3	5	6	1			
			9	3	6	4	5	1	2	7	8	6	9	3
			8	2	5	6	3	7	1	4	9	8	5	2
			7	1	4	2	8	9	6	5	3	4	7	1
						7	2	5	8	9	4	1	3	6
						8	6	4	7	3	1	9	2	5
						9	1	3	5	2	6	7	8	4
						5	9	2	4	1	7	3	6	8
						3	4	6	9	8	5	2	1	7
						1	7	8	3	6	2	5	4	9

Solution - 141

2	8	3	7	4	1	9	6	5						
5	6	4	8	3	9	2	1	7						
7	9	1	5	2	6	3	4	8						
1	4	8	9	6	3	7	5	2						
3	2	6	1	7	5	4	8	9						
9	5	7	4	8	2	1	3	6						
6	7	2	3	5	4	8	9	1	2	7	6			
8	3	9	6	1	7	5	2	4	9	8	3			
4	1	5	2	9	8	6	7	3	1	4	5			
			1	8	5	2	6	9	4	3	7			
			4	6	9	7	3	5	8	1	2			
			7	2	3	1	4	8	5	6	9			
			9	3	6	4	8	2	7	5	1	3	9	6
			8	7	1	9	5	6	3	2	4	1	8	7
			5	4	2	3	1	7	6	9	8	2	5	4
						8	3	1	5	7	2	6	4	9
						5	6	9	8	4	3	7	2	1
						2	7	4	9	1	6	8	3	5
						1	2	3	4	6	9	5	7	8
						7	4	8	1	3	5	9	6	2
						6	9	5	2	8	7	4	1	3

Solution - 142

3	9	8	1	7	6	5	4	2						
7	2	4	5	9	8	3	1	6						
6	1	5	4	3	2	7	9	8						
2	4	6	7	8	5	1	3	9						
5	3	9	2	4	1	6	8	7						
8	7	1	9	6	3	2	5	4						
1	5	7	8	2	4	9	6	3	7	5	1			
9	8	3	6	5	7	4	2	1	3	8	9			
4	6	2	3	1	9	8	7	5	6	2	4			
			7	6	3	2	8	4	1	9	5			
			4	9	5	6	1	7	2	3	8			
			2	8	1	3	5	9	4	6	7			
			5	4	2	1	9	6	8	7	3	2	5	4
			9	3	8	7	4	2	5	1	6	8	9	3
			1	7	6	5	3	8	9	4	2	7	6	1
						6	1	3	4	9	8	5	7	2
						4	7	9	1	2	5	6	3	8
						8	2	5	6	3	7	1	4	9
						9	5	1	2	6	4	3	8	7
						3	6	4	7	8	1	9	2	5
						2	8	7	3	5	9	4	1	6

Solution - 143

1	5	6	3	9	7	4	2	8						
3	9	4	8	1	2	7	5	6						
8	2	7	4	6	5	3	9	1						
9	6	1	7	3	8	5	4	2						
7	3	5	2	4	1	6	8	9						
2	4	8	9	5	6	1	3	7						
4	7	3	1	2	9	8	6	5	4	3	7			
6	8	9	5	7	3	2	1	4	8	6	9			
5	1	2	6	8	4	9	7	3	1	2	5			
			4	3	7	1	8	6	9	5	2			
			8	9	1	5	3	2	7	4	6			
			2	5	6	4	9	7	3	1	8			
			7	6	2	3	4	9	5	8	1	2	7	6
			3	1	5	7	2	8	6	9	4	3	5	1
			9	4	8	6	5	1	2	7	3	8	4	9
						1	9	2	4	5	8	7	6	3
						4	8	7	1	3	6	5	9	2
						5	3	6	7	2	9	4	1	8
						8	7	4	9	6	2	1	3	5
						2	6	5	3	1	7	9	8	4
						9	1	3	8	4	5	6	2	7

Solution - 144

3	6	5	2	9	8	1	7	4						
7	1	8	5	4	6	3	9	2						
9	2	4	3	1	7	5	8	6						
6	3	2	1	8	5	7	4	9						
8	5	7	4	2	9	6	1	3						
4	9	1	6	7	3	2	5	8						
5	7	3	8	6	4	9	2	1	3	5	7			
1	8	9	7	3	2	4	6	5	1	9	8			
2	4	6	9	5	1	8	3	7	2	6	4			
			3	4	5	7	1	8	9	2	6			
			6	2	8	3	9	4	7	1	5			
			1	7	9	6	5	2	4	8	3			
			5	9	7	1	4	6	8	3	2	7	5	9
			2	8	3	5	7	9	6	4	1	3	2	8
			4	1	6	2	8	3	5	7	9	6	4	1
						8	2	7	9	1	5	4	6	3
						6	9	4	3	8	7	5	1	2
						3	1	5	2	6	4	8	9	7
						7	6	2	1	5	3	9	8	4
						4	5	1	7	9	8	2	3	6
						9	3	8	4	2	6	1	7	5

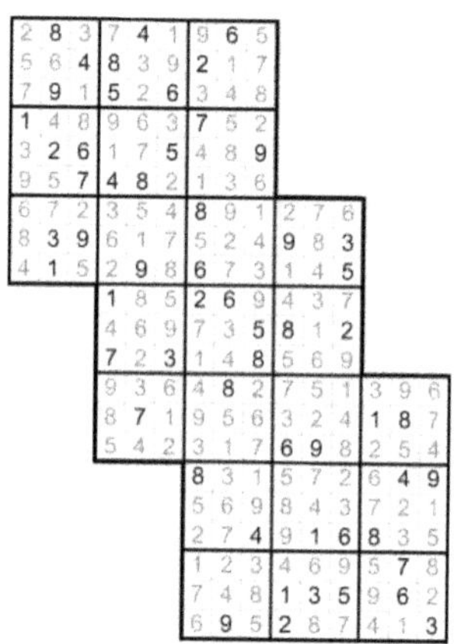

Solution - 145

675 982 143
931 574 286
428 613 957
386 257 419
792 841 365
514 369 872
143 795 628 314
267 438 591 672
859 126 734 895
317 856 429
259 143 768
684 972 153
543 217 986 345
872 469 531 287
961 385 247 961
731 869 524
628 154 793
954 723 816
896 315 472
173 492 658
542 678 139

Solution - 146

345 296 178
876 413 952
921 785 436
238 951 647
754 362 891
619 874 523
197 528 364 179
482 639 715 824
563 147 289 536
285 976 413
316 542 987
974 831 265
451 623 798 415
793 158 642 973
862 497 351 862
516 923 748
974 185 326
382 467 159
841 536 297
735 219 684
269 874 531

Solution - 147

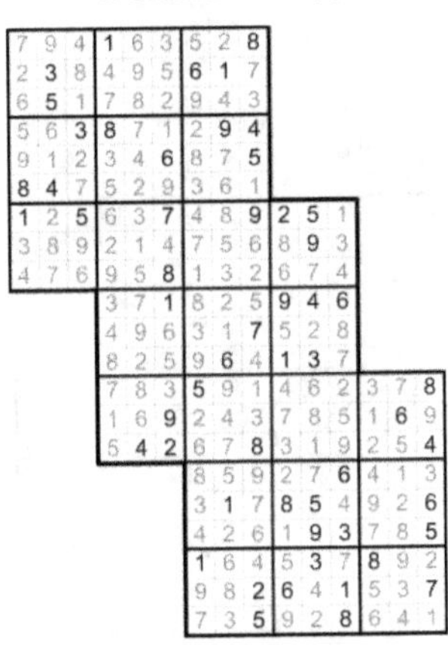

794 163 528
238 495 617
651 782 943
563 871 294
912 346 875
847 529 361
125 637 489 251
389 214 756 893
476 958 132 674
371 825 946
496 317 528
825 964 137
783 591 462 378
169 243 785 169
542 678 319 254
859 276 413
317 854 926
426 193 785
164 537 892
982 641 537
735 928 641

Solution - 148

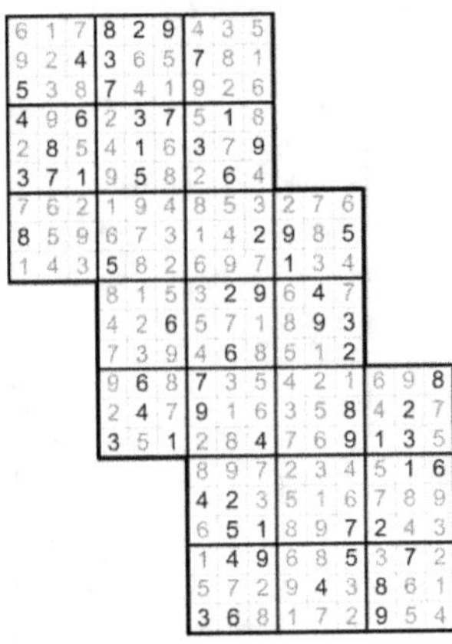

617 829 435
924 365 781
538 741 926
496 237 518
285 416 379
371 958 264
762 194 853 276
859 673 142 985
143 582 697 134
815 329 647
426 571 893
739 468 512
968 735 421 698
247 916 358 427
351 284 769 135
897 234 516
423 516 789
651 897 243
149 685 372
572 943 861
368 172 954

Solution - 149

346 279 158
215 648 739
798 351 462
184 726 593
679 835 241
532 194 876
961 487 325 691
827 563 914 728
453 912 687 435
139 478 256
754 162 389
826 539 147
678 293 514 867
395 741 862 359
241 856 973 214
967 381 542
412 695 738
538 427 691
625 749 183
374 158 926
189 236 475

Solution - 150

168 347 259
453 296 718
972 158 463
781 623 594
645 971 832
239 584 671
324 715 986 243
596 832 147 659
817 469 325 817
143 279 586
697 518 324
528 634 791
276 891 435 276
984 753 162 498
351 462 978 531
346 297 815
275 381 649
189 654 327
537 849 162
618 723 954
924 516 783

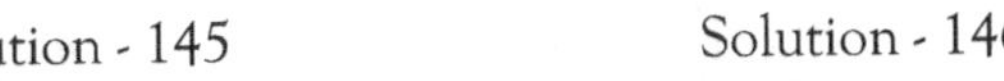

Solution - 151

4	9	6	3	8	1	5	2	7						
7	2	1	9	5	4	8	6	3						
8	3	5	2	7	6	9	4	1						
3	4	7	8	6	5	1	9	2						
2	6	9	4	1	3	7	8	5						
1	5	8	7	2	9	6	3	4						
5	8	2	6	3	7	4	1	9	5	2	8			
9	7	3	1	4	8	2	5	6	7	3	9			
6	1	4	5	9	2	3	7	8	6	4	1			
			3	7	6	8	2	1	9	5	4			
			4	5	1	6	9	3	8	7	2			
			8	2	9	7	4	5	3	1	6			
			9	6	5	1	3	4	2	8	7	9	5	6
			2	8	4	5	6	7	1	9	3	8	2	4
			7	1	3	9	8	2	4	6	5	7	1	3
						6	5	1	8	3	4	2	9	7
						8	2	9	5	7	6	4	3	1
						4	7	3	9	1	2	5	6	8
						7	9	5	6	4	1	3	8	2
						2	4	6	3	5	8	1	7	9
						3	1	8	7	2	9	6	4	5

Solution - 152

2	3	1	9	6	8	4	7	5						
4	8	5	3	1	7	6	9	2						
7	9	6	2	5	4	8	1	3						
6	7	8	4	9	5	3	2	1						
5	1	2	8	7	3	9	4	6						
9	4	3	6	2	1	7	5	8						
8	6	7	1	4	2	5	3	9	8	7	6			
1	5	9	7	3	6	2	8	4	9	5	1			
3	2	4	5	8	9	1	6	7	2	3	4			
			3	7	1	4	5	2	6	8	9			
			8	6	4	7	9	3	1	2	5			
			9	2	5	8	1	6	7	4	3			
			4	9	7	6	2	5	3	1	8	9	4	7
			2	1	3	9	4	8	5	6	7	3	2	1
			6	5	8	3	7	1	4	9	2	5	8	6
						5	8	3	2	7	1	6	9	4
						1	9	7	6	5	4	2	3	8
						2	6	4	8	3	9	1	7	5
						8	1	2	9	4	6	7	5	3
						4	3	6	7	2	5	8	1	9
						7	5	9	1	8	3	4	6	2

Solution - 153

5	6	7	9	3	4	8	1	2						
4	2	8	5	6	1	3	7	9						
1	9	3	2	7	8	6	5	4						
8	7	4	6	1	3	9	2	5						
6	1	9	4	2	5	7	8	3						
2	3	5	7	8	9	4	6	1						
7	4	2	3	5	6	1	9	8	7	4	2			
9	5	1	8	4	7	2	3	6	9	1	5			
3	8	6	1	9	2	5	4	7	8	6	3			
			7	6	3	8	2	9	4	5	1			
			4	8	5	7	1	3	6	2	9			
			2	1	9	4	6	5	3	8	7			
			6	2	1	9	7	4	5	3	8	6	2	1
			5	7	4	3	8	1	2	9	6	7	5	4
			9	3	8	6	5	2	1	7	4	3	8	9
						2	4	9	6	5	3	1	7	8
						7	6	5	9	8	1	4	3	2
						1	3	8	4	2	7	9	6	5
						8	1	3	7	4	2	5	9	6
						5	2	6	3	1	9	8	4	7
						4	9	7	8	6	5	2	1	3

Solution - 154

5	9	8	7	4	6	1	2	3						
1	6	7	5	2	3	4	9	8						
3	2	4	9	8	1	5	7	6						
9	7	3	1	5	4	8	6	2						
6	1	5	2	9	8	7	3	4						
4	8	2	6	3	7	9	5	1						
8	5	6	4	7	2	3	1	9	8	5	6			
7	3	1	8	6	9	2	4	5	1	3	7			
2	4	9	3	1	5	6	8	7	4	9	2			
			7	3	4	9	2	1	5	6	8			
			1	2	6	5	3	8	7	4	9			
			5	9	8	7	6	4	3	2	1			
			2	8	7	4	5	6	9	1	3	8	2	7
			9	5	3	1	7	2	6	8	4	5	9	3
			6	4	1	8	9	3	2	7	5	6	1	4
						5	1	7	3	9	6	2	4	8
						2	6	4	1	5	8	3	7	9
						3	8	9	4	2	7	1	6	5
						9	3	5	7	6	2	4	8	1
						6	4	1	8	3	9	7	5	2
						7	2	8	5	4	1	9	3	6

Solution - 155

3	9	7	8	5	4	6	1	2						
2	4	1	9	3	6	7	8	5						
5	8	6	2	1	7	3	4	9						
7	2	4	6	9	8	1	5	3						
9	6	3	1	2	5	8	7	4						
8	1	5	4	7	3	9	2	6						
4	3	9	5	8	1	2	6	7	9	4	3			
1	5	2	7	6	9	4	3	8	1	5	2			
6	7	8	3	4	2	5	9	1	6	8	7			
			9	7	5	6	8	3	4	2	1			
			4	2	8	9	1	5	7	3	6			
			1	3	6	7	2	4	8	9	5			
			6	9	3	1	4	2	5	7	8	6	3	9
			2	1	7	8	5	9	3	6	4	2	1	7
			8	5	4	3	7	6	2	1	9	4	8	5
						6	1	3	9	8	2	5	7	4
						9	8	5	1	4	7	3	2	6
						7	2	4	6	5	3	8	9	1
						2	6	1	7	3	5	9	4	8
						4	9	7	8	2	6	1	5	3
						5	3	8	4	9	1	7	6	2

Solution - 156

8	3	4	1	6	9	7	5	2						
1	9	6	7	2	5	3	4	8						
5	2	7	3	4	8	1	6	9						
3	5	9	4	1	6	2	8	7						
4	7	8	5	9	2	6	3	1						
6	1	2	8	7	3	5	9	4						
9	4	1	6	5	7	8	2	3	4	9	1			
2	8	5	9	3	1	4	7	6	2	5	8			
7	6	3	2	8	4	9	1	5	3	6	7			
			4	9	2	3	8	7	5	1	6			
			8	6	3	5	9	1	7	2	4			
			1	7	5	2	6	4	9	8	3			
			5	4	8	1	3	9	6	7	2	4	5	8
			7	2	9	6	4	8	1	3	5	9	2	7
			3	1	6	7	5	2	8	4	9	1	6	3
						2	8	1	9	6	4	3	7	5
						4	9	5	7	8	3	6	1	2
						3	6	7	5	2	1	8	9	4
						5	2	4	3	9	6	7	8	1
						8	1	6	4	5	7	2	3	9
						9	7	3	2	1	8	5	4	6

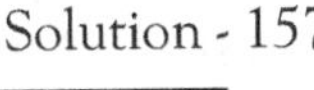

Solution - 157

6	5	4	3	2	1	9	8	7						
8	9	1	6	4	7	3	5	2						
2	3	7	9	5	8	1	6	4						
5	8	3	2	9	4	7	1	6						
1	7	6	5	8	3	4	2	9						
4	2	9	1	7	6	5	3	8						
9	4	2	8	1	5	6	7	3	9	2	4			
3	1	8	7	6	9	2	4	5	1	8	3			
7	6	5	4	3	2	8	9	1	5	7	6			
			6	9	1	4	2	7	8	3	5			
			3	5	7	9	1	8	6	4	2			
			2	8	4	3	5	6	7	1	9			
			1	7	3	5	6	2	4	9	8	1	7	3
			5	4	8	1	3	9	2	6	7	8	5	4
			9	2	6	7	8	4	3	5	1	6	9	2
						4	5	6	8	7	2	9	3	1
						2	9	7	5	1	3	4	8	6
						8	1	3	6	4	9	5	2	7
						3	7	1	9	8	6	2	4	5
						9	2	5	1	3	4	7	6	8
						6	4	8	7	2	5	3	1	9

Solution - 158

7	6	5	1	4	3	9	8	2						
4	2	8	9	6	5	7	1	3						
3	1	9	8	7	2	4	6	5						
2	8	3	4	5	9	1	7	6						
9	7	6	2	8	1	3	5	4						
5	4	1	6	3	7	2	9	8						
1	9	4	5	2	8	6	3	7	4	9	1			
6	5	7	3	9	4	8	2	1	7	5	6			
8	3	2	7	1	6	5	4	9	3	2	8			
			4	3	7	2	5	8	1	6	9			
			8	6	9	3	1	4	2	7	5			
			2	5	1	7	9	6	8	3	4			
			9	8	2	1	6	3	5	4	7	2	9	8
			6	7	5	4	8	2	9	1	3	5	6	7
			1	4	3	9	7	5	6	8	2	4	3	1
						3	1	7	8	6	5	9	4	2
						8	4	6	1	2	9	3	7	5
						5	2	9	3	7	4	1	8	6
						6	9	1	2	3	8	7	5	4
						7	3	8	4	5	1	6	2	9
						2	5	4	7	9	6	8	1	3

Solution - 159

8	3	4	1	7	5	2	9	6						
1	7	2	6	8	9	5	3	4						
6	9	5	2	4	3	1	7	8						
7	4	8	5	1	6	3	2	9						
5	1	3	9	2	8	4	6	7						
9	2	6	7	3	4	8	1	5						
2	5	1	8	9	7	6	4	3	2	1	5			
4	6	7	3	5	1	9	8	2	6	4	7			
3	8	9	4	6	2	7	5	1	8	9	3			
			2	1	5	8	6	4	7	3	9			
			6	7	8	3	1	9	5	2	4			
			9	3	4	2	7	5	1	8	6			
			5	4	9	1	2	7	3	6	8	9	5	4
			1	8	3	5	9	6	4	7	2	1	3	8
			7	2	6	4	3	8	9	5	1	6	2	7
						8	7	9	2	3	6	5	4	1
						2	6	5	8	1	4	3	7	9
						3	1	4	5	9	7	2	8	6
						6	5	2	7	4	9	8	1	3
						9	4	3	1	8	5	7	6	2
						7	8	1	6	2	3	4	9	5

Solution - 160

1	4	7	9	3	6	8	5	2						
5	8	6	7	2	4	1	3	9						
3	9	2	1	8	5	7	6	4						
4	1	9	8	6	7	5	2	3						
6	7	5	2	9	3	4	8	1						
2	3	8	4	5	1	9	7	6						
7	5	1	6	4	2	3	9	8	1	7	5			
8	6	3	5	1	9	2	4	7	8	3	6			
9	2	4	3	7	8	6	1	5	9	4	2			
			1	2	7	5	8	6	3	9	4			
			4	9	6	1	3	2	5	8	7			
			8	5	3	4	7	9	2	6	1			
			7	3	5	8	2	4	6	1	9	5	7	3
			9	6	1	7	5	3	4	2	8	1	9	6
			2	8	4	9	6	1	7	5	3	4	2	8
						6	9	5	3	8	7	2	4	1
						4	3	2	1	6	5	7	8	9
						1	8	7	9	4	2	6	3	5
						5	4	9	8	7	1	3	6	2
						2	7	8	5	3	6	9	1	4
						3	1	6	2	9	4	8	5	7

Solution - 161

7	9	6	3	2	4	8	1	5						
3	1	8	6	5	7	2	4	9						
5	4	2	1	9	8	6	7	3						
8	2	5	9	7	3	1	6	4						
1	6	7	5	4	2	3	9	8						
9	3	4	8	6	1	5	2	7						
2	7	3	4	8	6	9	5	1	3	2	7			
4	5	1	2	3	9	7	8	6	4	1	5			
6	8	9	7	1	5	4	3	2	8	9	6			
			1	9	3	6	4	7	2	5	8			
			6	5	4	2	1	8	9	7	3			
			8	2	7	5	9	3	1	6	4			
			5	7	8	1	2	4	6	3	9	8	5	7
			9	4	2	3	6	5	7	8	1	2	9	4
			3	6	1	8	7	9	5	4	2	3	6	1
						5	4	8	1	2	6	9	7	3
						7	9	2	3	5	4	6	1	8
						6	1	3	8	9	7	4	2	5
						9	3	6	4	7	5	1	8	2
						2	8	7	9	1	3	5	4	6
						4	5	1	2	6	8	7	3	9

Solution - 162

9	4	5	1	7	8	2	3	6						
1	8	2	6	5	3	4	9	7						
6	3	7	2	4	9	1	5	8						
3	2	9	7	6	1	8	4	5						
5	6	8	4	9	2	7	1	3						
7	1	4	3	8	5	6	2	9						
4	7	1	9	3	6	5	8	2	4	1	7			
8	9	6	5	2	4	3	7	1	9	6	8			
2	5	3	8	1	7	9	6	4	5	3	2			
			1	4	9	6	2	5	7	8	3			
			3	5	2	7	9	8	6	4	1			
			6	7	8	1	4	3	2	9	5			
			4	8	5	2	1	6	3	7	9	4	8	5
			2	9	1	4	3	7	8	5	6	9	1	2
			7	6	3	8	5	9	1	2	4	6	7	3
						1	9	4	2	8	7	3	5	6
						7	2	5	4	6	3	8	9	1
						3	6	8	5	9	1	7	2	4
						5	7	1	6	3	8	2	4	9
						9	4	3	7	1	2	5	6	8
						6	8	2	9	4	5	1	3	7

Solution - 163

5	7	4	2	1	8	6	3	9						
2	3	6	4	9	5	1	8	7						
9	8	1	3	7	6	4	5	2						
6	1	9	7	5	2	3	4	8						
3	4	5	9	8	1	2	7	6						
7	2	8	6	4	3	9	1	5						
1	5	2	8	6	4	7	9	3	2	1	5			
8	9	3	1	2	7	5	6	4	8	3	9			
4	6	7	5	3	9	8	2	1	6	7	4			
			3	7	2	4	8	5	1	9	6			
			4	9	8	1	3	6	7	5	2			
			6	1	5	9	7	2	3	4	8			
			9	5	6	3	1	8	4	2	7	6	9	5
			7	8	1	2	4	9	5	6	3	1	7	8
			2	4	3	6	5	7	9	8	1	2	4	3
						9	8	6	3	1	4	7	5	2
						5	7	1	2	9	8	4	3	6
						4	3	2	6	7	5	8	1	9
						7	2	4	8	5	9	3	6	1
						1	6	5	7	3	2	9	8	4
						8	9	3	1	4	6	5	2	7

Solution - 164

1	8	9	2	4	5	6	7	3						
2	5	6	3	9	7	8	1	4						
3	7	4	6	8	1	2	9	5						
7	6	1	4	3	2	5	8	9						
9	3	5	8	1	6	4	2	7						
4	2	8	7	5	9	3	6	1						
8	4	2	1	7	3	9	5	6	8	2	4			
5	1	3	9	6	8	7	4	2	1	3	5			
6	9	7	5	2	4	1	3	8	9	7	6			
			2	8	1	3	6	9	4	5	7			
			7	9	6	4	1	5	3	8	2			
			3	4	5	2	8	7	6	1	9			
			8	5	9	6	2	3	7	4	1	8	5	9
			6	1	2	8	7	4	5	9	3	1	2	6
			4	3	7	5	9	1	2	6	8	3	4	7
						2	1	8	6	5	4	7	9	3
						4	6	9	8	3	7	5	1	2
						7	3	5	9	1	2	4	6	8
						9	4	2	3	7	5	6	8	1
						1	8	7	4	2	6	9	3	5
						3	5	6	1	8	9	2	7	4

Solution - 165

6	2	7	1	9	8	4	5	3						
5	3	8	6	2	4	1	7	9						
9	4	1	3	5	7	2	6	8						
1	9	4	5	6	3	7	8	2						
8	6	5	2	7	9	3	1	4						
3	7	2	4	8	1	6	9	5						
7	5	3	9	4	6	8	2	1	3	7	5			
4	8	9	7	1	2	5	3	6	9	8	4			
2	1	6	8	3	5	9	4	7	2	6	1			
			4	9	7	3	1	8	5	2	6			
			5	8	1	4	6	2	7	9	3			
			6	2	3	7	9	5	1	4	8			
			2	6	4	1	7	3	8	5	9	2	6	4
			1	5	9	2	8	4	6	3	7	9	5	1
			3	7	8	6	5	9	4	1	2	7	3	8
						5	4	7	9	6	8	1	2	3
						9	1	8	2	4	3	5	7	6
						3	2	6	1	7	5	8	4	9
						8	9	5	3	2	6	4	1	7
						7	3	1	5	8	4	6	9	2
						4	6	2	7	9	1	3	8	5

Solution - 166

8	2	1	6	7	5	3	9	4						
3	9	7	1	4	2	6	5	8						
4	5	6	8	3	9	1	2	7						
2	8	5	4	6	7	9	3	1						
6	4	3	9	2	1	7	8	5						
7	1	9	5	8	3	2	4	6						
1	3	4	2	5	6	8	7	9	2	5	1	6	4	3
5	6	2	7	9	8	4	1	3	6	7	9	5	8	2
9	7	8	3	1	4	5	6	2	3	8	4	1	7	9
						1	5	4	8	2	7	9	3	6
						7	3	6	9	4	5	2	1	8
						2	9	8	1	3	6	4	5	7
3	8	5	1	2	9	6	4	7	5	9	3	8	2	1
6	1	4	3	8	7	9	2	5	7	1	8	3	6	4
7	9	2	4	6	5	3	8	1	4	6	2	7	9	5
2	6	3	8	1	4	7	5	9						
8	7	9	5	3	6	2	1	4						
4	5	1	7	9	2	8	6	3						
9	4	7	6	5	8	1	3	2						
5	3	6	2	7	1	4	9	8						
1	2	8	9	4	3	5	7	6						

Solution - 167

1	2	3	4	9	8	5	6	7						
9	5	6	3	1	7	2	4	8						
8	7	4	6	2	5	3	9	1						
5	3	2	9	6	1	8	7	4						
4	1	7	5	8	3	6	2	9						
6	9	8	2	7	4	1	3	5						
7	8	9	1	3	2	4	5	6	8	2	9	1	7	3
2	6	5	8	4	9	7	1	3	4	5	6	8	9	2
3	4	1	7	5	6	9	8	2	3	1	7	6	4	5
						6	4	5	1	7	8	2	3	9
						1	3	8	9	4	2	7	5	6
						2	7	9	5	6	3	4	1	8
8	4	9	5	1	6	3	2	7	6	9	1	5	8	4
6	2	7	4	8	3	5	9	1	2	8	4	3	6	7
1	5	3	9	7	2	8	6	4	7	3	5	9	2	1
2	7	4	6	3	1	9	5	8						
5	3	8	7	9	4	6	1	2						
9	1	6	2	5	8	7	4	3						
7	6	2	8	4	5	1	3	9						
3	9	5	1	2	7	4	8	6						
4	8	1	3	6	9	2	7	5						

Solution - 168

6	3	8	5	7	9	1	4	2						
4	9	5	2	8	1	3	7	6						
7	1	2	6	4	3	5	8	9						
2	8	1	9	6	4	7	3	5						
3	6	4	7	1	5	2	9	8						
9	5	7	3	2	8	4	6	1						
1	7	9	8	3	2	6	5	4	1	9	8	3	7	2
8	2	3	4	5	6	9	1	7	4	3	2	5	8	6
5	4	6	1	9	7	8	2	3	7	6	5	4	1	9
						7	9	8	6	4	3	2	5	1
						4	3	2	5	8	1	9	6	7
						5	6	1	9	2	7	8	3	4
8	9	1	7	2	6	3	4	5	2	7	6	1	9	8
2	4	6	5	3	8	1	7	9	8	5	4	6	2	3
7	5	3	1	4	9	2	8	6	3	1	9	7	4	5
3	2	4	6	1	5	7	9	8						
9	1	5	2	8	7	4	6	3						
6	7	8	4	9	3	5	1	2						
1	6	7	8	5	2	9	3	4						
5	8	9	3	7	4	6	2	1						
4	3	2	9	6	1	8	5	7						

Solution - 169

8	4	2	6	5	3	9	7	1						
3	6	7	1	8	9	4	2	5						
9	1	5	7	2	4	8	3	6						
7	5	1	2	6	8	3	9	4						
2	8	9	3	4	1	5	6	7						
4	3	6	9	7	5	2	1	8						
1	2	4	5	3	7	6	8	9	1	4	7	5	3	2
6	9	8	4	1	2	7	5	3	9	8	2	1	4	6
5	7	3	8	9	6	1	4	2	6	5	3	7	9	8
						4	1	5	3	9	8	2	6	7
						2	9	6	5	7	4	8	1	3
						8	3	7	2	1	6	9	5	4
1	2	9	8	6	3	5	7	4	8	6	1	3	2	9
8	5	4	7	2	9	3	6	1	7	2	9	4	8	5
7	3	6	4	1	5	9	2	8	4	3	5	6	7	1
3	6	1	5	8	2	4	9	7						
4	7	8	3	9	1	6	5	2						
5	9	2	6	7	4	1	8	3						
9	8	7	1	4	6	2	3	5						
6	4	5	2	3	8	7	1	9						
2	1	3	9	5	7	8	4	6						

Solution - 170

2	4	7	8	1	6	9	3	5						
6	3	8	9	4	5	1	2	7						
1	9	5	2	3	7	6	8	4						
8	5	3	7	2	9	4	1	6						
7	1	6	4	5	3	2	9	8						
9	2	4	6	8	1	5	7	3						
4	7	1	5	9	8	3	6	2	1	7	9	4	8	5
5	8	9	3	6	2	7	4	1	5	8	6	2	9	3
3	6	2	1	7	4	8	5	9	2	4	3	7	1	6
						9	8	4	7	3	5	6	2	1
						5	2	6	4	1	8	9	3	7
						1	7	3	6	9	2	8	5	4
4	9	8	5	3	6	2	1	7	9	5	4	3	6	8
2	7	1	9	8	4	6	3	5	8	2	7	1	4	9
5	6	3	2	7	1	4	9	8	3	6	1	5	7	2
8	5	7	6	4	3	9	2	1						
6	1	2	7	9	8	3	5	4						
9	3	4	1	2	5	7	8	6						
1	4	6	3	5	2	8	7	9						
7	2	5	8	6	9	1	4	3						
3	8	9	4	1	7	5	6	2						

Solution - 171

2	8	9	3	5	1	4	6	7						
7	6	1	4	8	2	9	5	3						
5	4	3	6	7	9	8	2	1						
1	5	4	2	6	8	3	7	9						
8	3	2	9	4	7	5	1	6						
9	7	6	5	1	3	2	4	8						
6	9	8	7	2	5	1	3	4	5	8	7	9	6	2
4	1	5	8	3	6	7	9	2	6	3	1	4	5	8
3	2	7	1	9	4	6	8	5	4	2	9	7	1	3
						5	1	7	2	9	6	8	3	4
						3	6	9	7	4	8	1	2	5
						2	4	8	1	5	3	6	9	7
5	1	9	6	8	2	4	7	3	9	1	5	2	8	6
7	8	2	4	3	1	9	5	6	8	7	2	3	4	1
6	4	3	7	9	5	8	2	1	3	6	4	5	7	9
2	9	7	5	4	6	3	1	8						
1	6	8	9	7	3	2	4	5						
3	5	4	1	2	8	7	6	9						
8	2	1	3	5	7	6	9	4						
9	7	6	8	1	4	5	3	2						
4	3	5	2	6	9	1	8	7						

Solution - 172

2	8	4	9	6	3	1	5	7						
3	1	5	2	7	4	6	8	9						
6	9	7	5	8	1	2	3	4						
9	4	2	3	1	6	8	7	5						
5	7	8	4	9	2	3	1	6						
1	3	6	7	5	8	9	4	2						
8	5	9	6	3	7	4	2	1	6	5	3	7	8	9
4	6	1	8	2	5	7	9	3	8	2	4	5	1	6
7	2	3	1	4	9	5	6	8	9	1	7	3	2	4
						1	5	4	7	8	9	6	3	2
						3	7	6	2	4	1	8	9	5
						9	8	2	3	6	5	4	7	1
4	5	3	8	6	9	2	1	7	4	3	6	9	5	8
8	1	9	4	7	2	6	3	5	1	9	8	2	4	7
2	7	6	1	3	5	8	4	9	5	7	2	1	6	3
9	3	7	2	4	8	5	6	1						
1	4	5	6	9	3	7	2	8						
6	2	8	7	5	1	3	9	4						
3	8	1	5	2	4	9	7	6						
7	9	4	3	8	6	1	5	2						
5	6	2	9	1	7	4	8	3						

Solution - 173

9	5	8	1	7	3	6	4	2						
7	1	6	9	4	2	8	3	5						
3	2	4	6	5	8	7	9	1						
1	7	2	3	8	6	4	5	9						
6	9	5	4	2	7	3	1	8						
8	4	3	5	9	1	2	6	7						
4	3	7	2	1	9	5	8	6	3	4	9	1	7	2
2	6	9	8	3	5	1	7	4	8	6	2	3	5	9
5	8	1	7	6	4	9	2	3	7	5	1	6	4	8
						2	4	5	9	3	6	7	8	1
						3	6	9	1	8	7	4	2	5
						7	1	8	5	2	4	9	6	3
4	6	7	2	5	3	8	9	1	6	7	5	2	3	4
3	8	9	7	4	1	6	5	2	4	9	3	8	1	7
1	5	2	9	6	8	4	3	7	2	1	8	5	9	6
6	7	1	3	8	9	5	2	4						
8	2	4	6	7	5	9	1	3						
5	9	3	1	2	4	7	8	6						
7	1	5	8	3	6	2	4	9						
2	3	8	4	9	7	1	6	5						
9	4	6	5	1	2	3	7	8						

Solution - 174

1	3	4	5	6	8	7	9	2						
5	6	2	4	7	9	8	1	3						
8	9	7	2	1	3	5	6	4						
3	1	5	7	8	4	9	2	6						
6	2	9	3	5	1	4	8	7						
4	7	8	6	9	2	1	3	5						
7	8	3	9	4	6	2	5	1	3	8	9	7	4	6
2	5	1	8	3	7	6	4	9	5	2	7	8	3	1
9	4	6	1	2	5	3	7	8	1	4	6	9	5	2
						4	1	7	2	6	3	5	9	8
						9	2	5	4	7	8	1	6	3
						8	6	3	9	5	1	2	7	4
9	4	1	8	5	2	7	3	6	8	1	5	4	2	9
8	5	3	7	4	6	1	9	2	7	3	4	6	8	5
7	6	2	9	1	3	5	8	4	6	9	2	3	1	7
3	8	5	2	9	7	4	6	1						
4	9	7	6	3	1	8	2	5						
1	2	6	5	8	4	9	7	3						
5	7	4	3	6	9	2	1	8						
2	3	8	1	7	5	6	4	9						
6	1	9	4	2	8	3	5	7						

Solution - 175

4	2	7	6	3	1	5	9	8						
9	8	1	7	5	2	6	3	4						
3	6	5	4	8	9	7	2	1						
8	7	3	5	1	6	2	4	9						
1	9	4	3	2	7	8	5	6						
2	5	6	9	4	8	3	1	7						
7	3	8	2	9	4	1	6	5	8	3	9	7	2	4
5	1	9	8	6	3	4	7	2	5	1	6	9	8	3
6	4	2	1	7	5	9	8	3	2	4	7	5	6	1
						8	1	7	3	6	4	2	5	9
						3	2	4	9	7	5	6	1	8
						6	5	9	1	2	8	3	4	7
9	1	5	4	7	8	2	3	6	7	8	1	4	9	5
2	7	8	9	3	6	5	4	1	6	9	3	8	7	2
3	6	4	1	2	5	7	9	8	4	5	2	1	3	6
8	5	7	3	9	2	6	1	4						
6	4	2	8	1	7	9	5	3						
1	9	3	6	5	4	8	2	7						
4	3	6	5	8	9	1	7	2						
5	2	1	7	6	3	4	8	9						
7	8	9	2	4	1	3	6	5						

Solution - 176

6	8	5	1	7	9	4	3	2						
4	1	9	2	6	3	5	7	8						
3	2	7	5	8	4	9	6	1						
7	6	2	4	3	1	8	9	5						
8	9	3	7	5	2	1	4	6						
1	5	4	8	9	6	3	2	7						
9	7	8	3	2	5	6	1	4	8	9	7	5	3	2
2	4	6	9	1	8	7	5	3	6	2	1	9	4	8
5	3	1	6	4	7	2	8	9	5	3	4	1	7	6
						5	2	7	1	8	6	3	9	4
						9	4	8	7	5	3	2	6	1
						3	6	1	9	4	2	8	5	7
1	7	2	8	3	5	4	9	6	2	1	5	7	8	3
5	3	9	4	6	1	8	7	2	3	6	9	4	1	5
6	4	8	7	2	9	1	3	5	4	7	8	6	2	9
8	1	3	5	7	6	9	2	4						
2	5	7	9	8	4	6	1	3						
4	9	6	3	1	2	5	8	7						
9	2	1	6	4	7	3	5	8						
3	6	5	2	9	8	7	4	1						
7	8	4	1	5	3	2	6	9						

Solution - 177

9	7	8	6	5	2	4	1	3						
2	4	1	8	7	3	9	5	6						
5	6	3	9	1	4	8	2	7						
6	9	2	3	8	5	7	4	1						
4	1	7	2	9	6	5	3	8						
8	3	5	1	4	7	2	6	9						
3	5	6	7	2	8	1	9	4	7	2	3	6	8	5
1	8	4	5	3	9	6	7	2	5	8	4	3	1	9
7	2	9	4	6	1	3	8	5	9	1	6	2	7	4
						7	5	6	1	3	2	4	9	8
						8	2	1	4	6	9	7	5	3
						9	4	3	8	5	7	1	2	6
9	4	2	8	1	3	5	6	7	3	9	1	8	4	2
5	3	6	4	9	7	2	1	8	6	4	5	9	3	7
7	8	1	5	2	6	4	3	9	2	7	8	5	6	1
6	1	7	9	3	5	8	4	2						
4	2	5	6	7	8	1	9	3						
3	9	8	1	4	2	6	7	5						
2	6	9	3	8	1	7	5	4						
1	7	4	2	5	9	3	8	6						
8	5	3	7	6	4	9	2	1						

Solution - 178

8	4	3	6	1	9	5	2	7						
9	7	6	8	2	5	1	3	4						
2	5	1	7	4	3	8	6	9						
7	8	5	9	3	4	2	1	6						
1	6	2	5	8	7	4	9	3						
4	3	9	2	6	1	7	8	5						
6	2	4	3	5	8	9	7	1	5	6	2	3	4	8
5	9	8	1	7	6	3	4	2	7	9	8	5	1	6
3	1	7	4	9	2	6	5	8	1	4	3	2	7	9
						7	1	6	8	5	9	4	2	3
						8	9	3	4	2	7	6	5	1
						5	2	4	6	3	1	8	9	7
2	9	8	7	3	4	1	6	5	3	7	4	9	8	2
7	6	3	1	5	2	4	8	9	2	1	6	7	3	5
5	1	4	6	9	8	2	3	7	9	8	5	1	6	4
8	2	1	3	4	5	7	9	6						
9	4	7	8	6	1	5	2	3						
6	3	5	2	7	9	8	4	1						
3	8	6	5	2	7	9	1	4						
1	7	9	4	8	3	6	5	2						
4	5	2	9	1	6	3	7	8						

Solution - 179

2	7	8	6	9	4	1	3	5						
5	6	9	3	1	7	8	2	4						
4	3	1	8	5	2	6	9	7						
9	4	7	1	6	5	3	8	2						
8	5	6	2	7	3	9	4	1						
1	2	3	4	8	9	5	7	6						
6	9	2	7	3	1	4	5	8	3	2	9	1	6	7
3	1	4	5	2	8	7	6	9	8	1	4	3	5	2
7	8	5	9	4	6	2	1	3	5	7	6	4	8	9
						5	8	2	1	6	7	9	4	3
						1	4	6	9	3	8	7	2	5
						3	9	7	4	5	2	6	1	8
1	9	3	2	8	5	6	7	4	2	9	5	8	3	1
4	5	6	7	3	9	8	2	1	7	4	3	5	9	6
7	2	8	4	6	1	9	3	5	6	8	1	2	7	4
2	6	5	3	7	8	1	4	9						
8	7	9	5	1	4	2	6	3						
3	1	4	6	9	2	7	5	8						
9	3	2	1	4	6	5	8	7						
6	4	1	8	5	7	3	9	2						
5	8	7	9	2	3	4	1	6						

Solution - 180

6	8	4	2	9	1	3	7	5						
5	2	9	7	3	8	1	6	4						
3	7	1	5	4	6	2	8	9						
7	1	3	8	5	4	9	2	6						
9	5	8	6	7	2	4	1	3						
4	6	2	9	1	3	7	5	8						
2	3	5	1	6	9	8	4	7	9	1	5	2	6	3
1	9	7	4	8	5	6	3	2	4	8	7	1	5	9
8	4	6	3	2	7	5	9	1	6	3	2	7	8	4
						2	7	6	3	4	9	5	1	8
						4	1	3	7	5	8	6	9	2
						9	5	8	1	2	6	4	3	7
7	3	6	4	2	9	1	8	5	2	7	3	9	4	6
8	4	1	6	5	7	3	2	9	5	6	4	8	7	1
5	2	9	8	3	1	7	6	4	8	9	1	3	2	5
2	6	7	1	8	5	9	4	3						
3	1	5	9	4	2	6	7	8						
9	8	4	3	7	6	5	1	2						
4	7	8	5	6	3	2	9	1						
6	9	3	2	1	8	4	5	7						
1	5	2	7	9	4	8	3	6						

Solution - 181

6	1	9	2	8	7	5	3	4						
7	4	5	6	9	3	8	2	1						
8	3	2	1	4	5	6	9	7						
3	6	8	4	1	9	2	7	5						
2	9	4	7	5	8	3	1	6						
5	7	1	3	2	6	4	8	9						
9	8	6	5	3	1	7	4	2	5	8	9	6	3	1
1	2	7	8	6	4	9	5	3	1	6	7	2	8	4
4	5	3	9	7	2	1	6	8	4	3	2	9	5	7
						6	7	5	3	9	8	4	1	2
						8	2	9	6	1	4	3	7	5
						3	1	4	2	7	5	8	6	9
8	7	9	4	5	1	2	3	6	7	4	1	5	9	8
4	2	1	3	8	6	5	9	7	8	2	6	1	4	3
5	3	6	9	2	7	4	8	1	9	5	3	7	2	6
1	8	7	6	3	5	9	4	2						
3	6	5	2	4	9	1	7	8						
2	9	4	1	7	8	6	5	3						
9	1	8	7	6	4	3	2	5						
7	4	3	5	1	2	8	6	9						
6	5	2	8	9	3	7	1	4						

Solution - 182

5	1	3	6	2	9	7	4	8						
6	2	7	4	3	8	9	1	5						
4	8	9	7	1	5	3	6	2						
7	6	2	3	5	4	1	8	9						
8	3	5	9	6	1	2	7	4						
1	9	4	2	8	7	6	5	3						
2	4	1	5	9	6	8	3	7	5	2	1	4	9	6
9	7	6	8	4	3	5	2	1	4	9	6	7	3	8
3	5	8	1	7	2	4	9	6	8	3	7	1	5	2
						3	6	2	9	1	5	8	7	4
						9	4	8	2	7	3	5	6	1
						1	7	5	6	8	4	9	2	3
3	6	8	4	7	5	2	1	9	7	6	8	3	4	5
2	5	7	1	9	3	6	8	4	3	5	9	2	1	7
1	9	4	2	6	8	7	5	3	1	4	2	6	8	9
5	7	1	8	4	6	9	3	2						
6	4	2	3	1	9	5	7	8						
8	3	9	7	5	2	4	6	1						
4	1	6	9	3	7	8	2	5						
7	8	3	5	2	4	1	9	6						
9	2	5	6	8	1	3	4	7						

Solution - 183

6	7	2	1	3	8	4	9	5						
4	5	8	6	2	9	3	1	7						
1	9	3	7	5	4	8	6	2						
5	6	4	2	7	3	1	8	9						
8	1	7	4	9	5	6	2	3						
2	3	9	8	6	1	5	7	4						
9	2	1	3	4	6	7	5	8	4	6	3	1	2	9
3	8	5	9	1	7	2	4	6	1	9	7	8	3	5
7	4	6	5	8	2	9	3	1	5	2	8	6	7	4
						8	1	7	2	5	4	9	6	3
						5	2	4	9	3	6	7	8	1
						3	6	9	8	7	1	4	5	2
6	5	7	8	4	2	1	9	3	7	8	5	2	4	6
4	1	9	5	3	7	6	8	2	3	4	9	5	1	7
8	2	3	1	6	9	4	7	5	6	1	2	3	9	8
7	6	8	9	5	1	2	3	4						
9	3	2	6	8	4	7	5	1						
5	4	1	2	7	3	9	6	8						
3	7	5	4	1	6	8	2	9						
2	8	4	7	9	5	3	1	6						
1	9	6	3	2	8	5	4	7						

Solution - 184

3	1	7	6	4	9	2	8	5						
2	5	8	7	3	1	4	6	9						
4	6	9	5	8	2	3	7	1						
6	7	3	2	9	8	5	1	4						
5	8	2	4	1	7	9	3	6						
1	9	4	3	5	6	8	2	7						
7	3	1	9	2	5	6	4	8	9	5	7	1	2	3
8	4	5	1	6	3	7	9	2	1	8	3	5	4	6
9	2	6	8	7	4	1	5	3	2	4	6	8	9	7
						3	2	5	4	7	9	6	8	1
						9	8	1	3	6	5	4	7	2
						4	6	7	8	2	1	9	3	5
1	3	9	4	5	8	2	7	6	5	9	8	3	1	4
8	2	4	3	7	6	5	1	9	7	3	4	2	6	8
6	7	5	9	2	1	8	3	4	6	1	2	7	5	9
2	4	8	7	1	3	9	6	5						
5	1	6	8	9	2	7	4	3						
3	9	7	6	4	5	1	2	8						
4	8	1	2	3	9	6	5	7						
9	5	3	1	6	7	4	8	2						
7	6	2	5	8	4	3	9	1						

Solution - 185

3	1	8	6	2	7	5	9	4						
5	9	2	3	8	4	6	1	7						
6	7	4	5	9	1	8	2	3						
4	2	7	8	1	3	9	5	6						
1	6	3	7	5	9	2	4	8						
8	5	9	4	6	2	7	3	1						
7	3	5	9	4	8	1	6	2	9	4	8	5	7	3
9	8	1	2	3	6	4	7	5	3	1	6	2	8	9
2	4	6	1	7	5	3	8	9	7	2	5	1	4	6
						9	4	8	1	3	2	7	6	5
						6	1	3	5	7	9	4	2	8
						2	5	7	6	8	4	9	3	1
4	5	8	2	1	9	7	3	6	2	9	1	8	5	4
2	7	1	8	6	3	5	9	4	8	6	7	3	1	2
9	6	3	7	5	4	8	2	1	4	5	3	6	9	7
7	2	9	6	3	8	1	4	5						
6	3	4	5	7	1	9	8	2						
1	8	5	4	9	2	3	6	7						
8	9	6	1	4	7	2	5	3						
3	4	7	9	2	5	6	1	8						
5	1	2	3	8	6	4	7	9						

Solution - 186

1	8	4	9	5	7	6	2	3						
2	6	9	8	4	3	7	1	5						
7	5	3	1	6	2	8	4	9						
4	2	7	5	9	1	3	6	8						
5	1	6	7	3	8	2	9	4						
9	3	8	6	2	4	1	5	7						
8	4	2	3	1	9	5	7	6	4	8	1	2	9	3
6	7	1	4	8	5	9	3	2	7	5	6	8	1	4
3	9	5	2	7	6	4	8	1	3	9	2	6	7	5
						8	6	3	5	4	7	1	2	9
						2	1	9	8	6	3	4	5	7
						7	4	5	1	2	9	3	6	8
9	1	4	7	5	3	6	2	8	9	3	5	7	4	1
8	6	2	9	4	1	3	5	7	6	1	4	9	8	2
3	5	7	8	6	2	1	9	4	2	7	8	5	3	6
7	4	5	6	1	8	2	3	9						
1	8	9	2	3	4	5	7	6						
2	3	6	5	9	7	4	8	1						
5	9	3	4	8	6	7	1	2						
4	7	8	1	2	5	9	6	3						
6	2	1	3	7	9	8	4	5						

Solution - 187

3	4	5	2	6	1	8	9	7						
8	9	6	4	7	3	5	1	2						
2	7	1	5	8	9	4	6	3						
7	1	4	9	3	8	6	2	5						
9	3	8	6	2	5	1	7	4						
5	6	2	7	1	4	3	8	9						
1	2	7	3	4	6	9	5	8	3	6	7	4	2	1
4	8	9	1	5	7	2	3	6	1	4	8	9	7	5
6	5	3	8	9	2	7	4	1	5	9	2	3	6	8
						4	6	9	8	2	5	1	3	7
						3	1	2	9	7	6	5	8	4
						5	8	7	4	1	3	6	9	2
7	2	1	8	3	5	6	9	4	2	8	1	7	5	3
4	9	3	1	2	6	8	7	5	6	3	4	2	1	9
8	6	5	4	7	9	1	2	3	7	5	9	8	4	6
1	7	4	3	8	2	5	6	9						
3	8	9	6	5	1	7	4	2						
2	5	6	7	9	4	3	1	8						
9	3	2	5	1	7	4	8	6						
6	1	8	2	4	3	9	5	7						
5	4	7	9	6	8	2	3	1						

Solution - 188

1	9	7	8	2	5	4	3	6						
6	4	2	9	3	7	1	8	5						
3	5	8	4	1	6	2	9	7						
9	3	1	5	8	2	7	6	4						
5	2	6	7	9	4	3	1	8						
8	7	4	1	6	3	5	2	9						
4	6	3	2	5	9	8	7	1	4	9	6	5	3	2
2	1	5	6	7	8	9	4	3	2	5	8	1	7	6
7	8	9	3	4	1	6	5	2	1	7	3	9	8	4
						2	3	5	8	4	1	7	6	9
						4	8	6	7	2	9	3	5	1
						1	9	7	6	3	5	2	4	8
6	5	4	3	1	9	7	2	8	5	1	4	6	9	3
2	1	3	7	8	4	5	6	9	3	8	2	4	1	7
9	8	7	5	6	2	3	1	4	9	6	7	8	2	5
4	7	9	8	2	6	1	3	5						
1	2	6	9	3	5	4	8	7						
5	3	8	1	4	7	6	9	2						
8	9	1	4	5	3	2	7	6						
3	4	2	6	7	8	9	5	1						
7	6	5	2	9	1	8	4	3						

Solution - 189

7	2	4	5	9	1	8	3	6						
8	3	9	6	2	4	7	1	5						
6	1	5	7	3	8	4	2	9						
3	5	7	1	6	2	9	8	4						
4	8	1	9	5	7	3	6	2						
9	6	2	8	4	3	5	7	1						
5	9	3	2	7	6	1	4	8	6	7	5	3	9	2
1	7	6	4	8	5	2	9	3	8	1	4	7	5	6
2	4	8	3	1	9	6	5	7	2	9	3	4	8	1
						9	2	1	4	5	7	8	6	3
						3	8	6	1	2	9	5	4	7
						5	7	4	3	6	8	1	2	9
2	6	8	9	4	1	7	3	5	9	8	2	6	1	4
4	1	9	7	5	3	8	6	2	7	4	1	9	3	5
7	5	3	8	6	2	4	1	9	5	3	6	2	7	8
5	4	7	6	1	8	9	2	3						
9	8	1	2	3	4	6	5	7						
6	3	2	5	9	7	1	4	8						
3	9	5	4	8	6	2	7	1						
8	7	4	1	2	5	3	9	6						
1	2	6	3	7	9	5	8	4						

Solution - 190

8	3	1	4	5	6	9	2	7						
7	6	2	1	9	3	5	8	4						
4	9	5	7	2	8	1	3	6						
5	8	6	2	1	7	3	4	9						
3	7	9	6	8	4	2	5	1						
2	1	4	9	3	5	6	7	8						
6	2	8	3	4	1	7	9	5	3	6	2	4	1	8
1	4	3	5	7	9	8	6	2	7	4	1	5	9	3
9	5	7	8	6	2	4	1	3	9	8	5	7	6	2
						1	4	6	8	3	7	2	5	9
						3	5	7	2	9	4	6	8	1
						9	2	8	1	5	6	3	4	7
9	7	2	3	4	5	6	8	1	5	2	3	9	7	4
8	3	5	6	9	1	2	7	4	6	1	9	8	3	5
1	4	6	2	8	7	5	3	9	4	7	8	1	2	6
4	1	7	9	5	8	3	2	6						
3	2	9	1	7	6	8	4	5						
5	6	8	4	3	2	9	1	7						
7	8	1	5	6	3	4	9	2						
2	5	4	8	1	9	7	6	3						
6	9	3	7	2	4	1	5	8						

Solution - 191

9	5	1	3	4	2	8	6	7						
8	4	2	6	7	1	9	3	5						
6	7	3	8	5	9	2	4	1						
5	3	8	1	9	7	6	2	4						
2	1	7	4	3	6	5	9	8						
4	6	9	2	8	5	1	7	3						
3	2	4	9	1	8	7	5	6	1	9	3	8	4	2
1	9	5	7	6	3	4	8	2	7	5	6	1	3	9
7	8	6	5	2	4	3	1	9	8	4	2	5	6	7
						9	2	4	3	1	5	6	7	8
						1	3	8	4	6	7	2	9	5
						6	7	5	9	2	8	4	1	3
7	6	2	5	1	9	8	4	3	2	7	1	9	5	6
4	5	9	3	8	7	2	6	1	5	3	9	7	8	4
3	1	8	6	4	2	5	9	7	6	8	4	3	2	1
2	7	4	8	5	3	9	1	6						
5	8	1	4	9	6	3	7	2						
9	3	6	2	7	1	4	8	5						
8	2	3	1	6	4	7	5	9						
1	4	7	9	2	5	6	3	8						
6	9	5	7	3	8	1	2	4						

Solution - 192

9	4	8	2	1	5	3	7	6						
7	6	5	3	4	9	2	1	8						
2	3	1	6	7	8	5	4	9						
1	2	4	9	8	7	6	3	5						
5	8	3	1	2	6	4	9	7						
6	9	7	4	5	3	1	8	2						
4	7	9	5	3	2	8	6	1	2	5	4	9	7	3
3	5	6	8	9	1	7	2	4	3	8	9	1	5	6
8	1	2	7	6	4	9	5	3	1	7	6	2	4	8
						1	4	9	8	2	3	5	6	7
						5	3	6	9	4	7	8	1	2
						2	7	8	6	1	5	4	3	9
9	8	6	5	4	2	3	1	7	5	9	2	6	8	4
7	5	1	3	9	6	4	8	2	7	6	1	3	9	5
3	2	4	7	8	1	6	9	5	4	3	8	7	2	1
8	6	9	1	5	3	7	2	4						
1	7	5	2	6	4	9	3	8						
2	4	3	8	7	9	5	6	1						
4	1	7	6	3	8	2	5	9						
5	3	2	9	1	7	8	4	6						
6	9	8	4	2	5	1	7	3						

Solution - 193

2	5	7	6	1	9	3	4	8						
6	4	9	5	3	8	2	1	7						
1	8	3	7	4	2	5	6	9						
3	6	1	8	2	5	7	9	4						
7	2	8	4	9	6	1	3	5						
4	9	5	3	7	1	6	8	2						
9	1	6	2	5	4	8	7	3	9	2	1	4	6	5
8	3	2	9	6	7	4	5	1	6	8	7	2	9	3
5	7	4	1	8	3	9	2	6	3	4	5	7	8	1
						7	1	8	4	5	6	9	3	2
						3	6	2	8	1	9	5	7	4
						5	4	9	7	3	2	6	1	8
6	2	4	3	8	7	1	9	5	2	6	3	8	4	7
9	1	3	6	4	5	2	8	7	1	9	4	3	5	6
5	7	8	2	9	1	6	3	4	5	7	8	1	2	9
4	5	9	7	1	8	3	2	6						
3	6	1	4	5	2	9	7	8						
2	8	7	9	6	3	5	4	1						
8	3	2	1	7	6	4	5	9						
7	4	6	5	3	9	8	1	2						
1	9	5	8	2	4	7	6	3						

Solution - 194

6	5	1	8	4	3	7	2	9						
8	2	3	6	9	7	1	5	4						
7	4	9	1	5	2	6	8	3						
5	8	6	7	1	4	3	9	2						
4	9	2	3	8	6	5	7	1						
1	3	7	9	2	5	4	6	8						
9	6	4	5	3	8	2	1	7	6	8	9	3	5	4
3	1	5	2	7	9	8	4	6	1	5	3	9	7	2
2	7	8	4	6	1	9	3	5	2	7	4	8	6	1
						4	6	8	7	9	1	5	2	3
						7	5	2	3	4	6	1	9	8
						1	9	3	5	2	8	6	4	7
8	7	9	4	5	6	3	2	1	4	6	5	7	8	9
6	3	4	2	8	1	5	7	9	8	3	2	4	1	6
5	1	2	3	7	9	6	8	4	9	1	7	2	3	5
1	9	8	7	3	5	2	4	6						
7	6	5	9	2	4	1	3	8						
2	4	3	6	1	8	9	5	7						
3	2	1	8	9	7	4	6	5						
4	5	7	1	6	2	8	9	3						
9	8	6	5	4	3	7	1	2						

Solution - 195

8	5	2	6	4	3	1	7	9						
9	7	3	8	5	1	6	2	4						
4	6	1	7	2	9	5	3	8						
7	4	6	2	9	8	3	1	5						
1	3	9	4	7	5	2	8	6						
2	8	5	1	3	6	9	4	7						
5	9	4	3	8	2	7	6	1	4	3	9	5	2	8
3	1	7	5	6	4	8	9	2	5	6	7	1	3	4
6	2	8	9	1	7	4	5	3	1	8	2	9	7	6
						1	2	8	9	4	6	3	5	7
						5	7	9	8	1	3	6	4	2
						6	3	4	7	2	5	8	9	1
2	8	9	5	4	6	3	1	7	2	5	8	4	6	9
6	1	3	8	7	9	2	4	5	6	9	1	7	8	3
7	4	5	3	1	2	9	8	6	3	7	4	2	1	5
8	6	1	2	9	3	5	7	4						
4	3	7	1	5	8	6	9	2						
9	5	2	4	6	7	1	3	8						
5	9	4	7	2	1	8	6	3						
1	7	8	6	3	5	4	2	9						
3	2	6	9	8	4	7	5	1						

Solution - 196

7	5	1	6	8	9	4	2	3						
9	3	4	1	5	2	6	7	8						
8	2	6	4	3	7	1	5	9						
5	6	7	9	1	8	3	4	2						
4	9	3	5	2	6	7	8	1						
1	8	2	3	7	4	9	6	5						
3	4	8	7	9	5	2	1	6	3	7	8	4	9	5
2	7	9	8	6	1	5	3	4	9	1	6	8	2	7
6	1	5	2	4	3	8	9	7	2	5	4	3	1	6
						3	5	9	6	4	7	1	8	2
						7	4	1	8	2	3	5	6	9
						6	8	2	1	9	5	7	3	4
6	7	8	4	3	9	1	2	5	7	3	9	6	4	8
9	1	5	2	8	7	4	6	3	5	8	2	9	7	1
2	4	3	1	5	6	9	7	8	4	6	1	2	5	3
7	9	4	8	1	2	5	3	6						
1	8	6	5	7	3	2	9	4						
3	5	2	9	6	4	7	8	1						
5	2	1	6	9	8	3	4	7						
4	6	7	3	2	5	8	1	9						
8	3	9	7	4	1	6	5	2						

Solution - 197

9	5	7	8	1	6	2	4	3						
1	6	3	2	4	9	5	8	7						
8	4	2	7	3	5	9	1	6						
2	7	5	3	9	4	8	6	1						
6	3	1	5	8	7	4	2	9						
4	9	8	6	2	1	7	3	5						
7	1	4	9	6	8	3	5	2	7	4	8	1	6	9
5	2	6	4	7	3	1	9	8	6	5	2	3	7	4
3	8	9	1	5	2	6	7	4	9	3	1	2	8	5
						2	1	7	4	8	6	5	9	3
						8	3	5	2	1	9	6	4	7
						9	4	6	5	7	3	8	2	1
6	1	7	9	5	8	4	2	3	8	9	5	7	1	6
4	3	8	2	7	1	5	6	9	1	2	7	4	3	8
5	9	2	4	6	3	7	8	1	3	6	4	9	5	2
8	7	6	5	1	2	9	3	4						
9	2	5	3	8	4	1	7	6						
3	4	1	6	9	7	2	5	8						
7	6	9	1	3	5	8	4	2						
2	8	3	7	4	9	6	1	5						
1	5	4	8	2	6	3	9	7						

Solution - 198

3	8	5	4	2	1	7	6	9						
7	4	1	9	8	6	2	5	3						
9	6	2	5	3	7	4	1	8						
1	7	4	8	9	5	3	2	6						
8	2	9	3	6	4	1	7	5						
6	5	3	1	7	2	9	8	4						
2	3	8	7	5	9	6	4	1	5	7	3	9	8	2
5	1	7	6	4	3	8	9	2	4	6	1	5	3	7
4	9	6	2	1	8	5	3	7	8	2	9	4	1	6
						1	8	9	2	5	4	7	6	3
						7	5	6	1	3	8	2	9	4
						3	2	4	6	9	7	8	5	1
1	6	9	3	4	5	2	7	8	9	1	6	3	4	5
2	5	8	9	7	6	4	1	3	7	8	5	6	2	9
7	3	4	2	8	1	9	6	5	3	4	2	1	7	8
6	1	5	8	3	4	7	2	9						
4	2	3	7	5	9	6	8	1						
9	8	7	1	6	2	3	5	4						
3	9	6	5	2	8	1	4	7						
5	7	2	4	1	3	8	9	6						
8	4	1	6	9	7	5	3	2						

Solution - 199

7	4	9	2	3	6	1	8	5						
6	2	3	1	8	5	7	9	4						
8	1	5	4	7	9	3	2	6						
9	3	7	5	2	4	6	1	8						
5	8	4	6	1	3	2	7	9						
1	6	2	7	9	8	4	5	3						
2	9	6	3	5	1	8	4	7	1	9	2	3	5	6
4	7	8	9	6	2	5	3	1	6	4	8	9	7	2
3	5	1	8	4	7	9	6	2	5	7	3	4	8	1
						1	8	4	2	3	6	5	9	7
						3	7	6	9	8	5	1	2	4
						2	5	9	7	1	4	6	3	8
4	9	2	3	5	6	7	1	8	3	6	9	2	4	5
3	7	1	4	8	2	6	9	5	4	2	7	8	1	3
5	8	6	7	9	1	4	2	3	8	5	1	7	6	9
7	1	5	8	2	3	9	4	6						
9	2	8	6	4	7	5	3	1						
6	3	4	5	1	9	8	7	2						
8	5	7	2	3	4	1	6	9						
2	4	9	1	6	8	3	5	7						
1	6	3	9	7	5	2	8	4						

Solution - 200

3	1	2	8	7	9	6	5	4						
5	8	6	3	4	2	9	7	1						
4	7	9	5	1	6	2	3	8						
9	4	5	2	8	7	1	6	3						
2	6	8	1	3	4	7	9	5						
7	3	1	9	6	5	8	4	2						
1	5	7	6	2	3	4	8	9	7	3	1	2	6	5
6	2	3	4	9	8	5	1	7	6	2	8	4	3	9
8	9	4	7	5	1	3	2	6	9	5	4	8	7	1
						2	5	1	3	9	7	6	8	4
						7	4	3	8	6	5	1	9	2
						9	6	8	4	1	2	7	5	3
2	7	8	5	6	9	1	3	4	5	8	6	9	2	7
1	3	5	7	8	4	6	9	2	1	7	3	5	4	8
6	4	9	1	3	2	8	7	5	2	4	9	3	1	6
7	6	3	8	5	1	2	4	9						
9	8	4	2	7	3	5	6	1						
5	1	2	4	9	6	3	8	7						
3	2	7	6	4	5	9	1	8						
8	5	6	9	1	7	4	2	3						
4	9	1	3	2	8	7	5	6						

Solution - 201

3	8	5	7	9	2	1	4	6						
1	6	2	5	4	8	9	3	7						
4	9	7	3	1	6	5	8	2						
5	2	3	9	6	4	8	7	1						
9	1	6	2	8	7	4	5	3						
7	4	8	1	5	3	6	2	9						
6	7	1	8	3	5	2	9	4	6	7	5	8	3	1
8	3	4	6	2	9	7	1	5	8	2	3	4	6	9
2	5	9	4	7	1	3	6	8	1	4	9	5	2	7
						5	7	1	2	3	6	9	8	4
						9	3	6	4	5	8	1	7	2
						4	8	2	7	9	1	3	5	6
5	9	7	6	4	1	8	2	3	9	1	7	6	4	5
8	1	3	2	7	5	6	4	9	5	8	2	7	1	3
2	6	4	8	3	9	1	5	7	3	6	4	2	9	8
3	7	9	4	1	2	5	6	8						
1	5	2	3	6	8	9	7	4						
6	4	8	9	5	7	2	3	1						
4	3	1	5	8	6	7	9	2						
7	2	6	1	9	3	4	8	5						
9	8	5	7	2	4	3	1	6						

Solution - 202

5	4	1	3	6	9	2	7	8						
6	3	2	7	5	8	9	4	1						
9	7	8	4	1	2	6	3	5						
1	8	6	9	7	3	4	5	2						
3	2	5	8	4	1	7	6	9						
4	9	7	6	2	5	1	8	3						
7	5	3	1	9	4	8	2	6	9	7	1	3	4	5
2	1	4	5	8	6	3	9	7	5	4	2	8	6	1
8	6	9	2	3	7	5	1	4	8	3	6	2	9	7
						2	8	3	1	6	5	9	7	4
						4	6	1	7	8	9	5	2	3
						9	7	5	3	2	4	6	1	8
9	4	6	1	5	8	7	3	2	6	1	8	4	5	9
5	2	8	6	3	7	1	4	9	2	5	3	7	8	6
7	1	3	9	4	2	6	5	8	4	9	7	1	3	2
1	9	2	4	6	5	8	7	3						
4	6	7	8	2	3	9	1	5						
3	8	5	7	9	1	4	2	6						
8	3	9	2	1	4	5	6	7						
6	5	4	3	7	9	2	8	1						
2	7	1	5	8	6	3	9	4						

Solution - 203

1	4	6	7	9	5	2	8	3						
3	7	9	8	1	2	4	6	5						
8	2	5	6	3	4	7	9	1						
5	9	1	4	7	3	8	2	6						
6	8	4	2	5	9	3	1	7						
7	3	2	1	6	8	9	5	4						
4	5	7	9	2	1	6	3	8	5	1	4	9	7	2
2	6	3	5	8	7	1	4	9	6	2	7	5	8	3
9	1	8	3	4	6	5	7	2	3	8	9	1	4	6
						9	8	4	2	7	3	6	1	5
						7	1	6	8	9	5	3	2	4
						3	2	5	1	4	6	7	9	8
9	4	3	1	8	5	2	6	7	9	5	8	4	3	1
5	1	6	4	2	7	8	9	3	4	6	1	2	5	7
7	8	2	6	3	9	4	5	1	7	3	2	8	6	9
6	9	4	3	1	2	5	7	8						
2	3	8	7	5	4	6	1	9						
1	7	5	9	6	8	3	2	4						
4	6	1	2	9	3	7	8	5						
3	5	9	8	7	6	1	4	2						
8	2	7	5	4	1	9	3	6						

Solution - 204

1	6	7	2	8	9	4	5	3						
3	4	2	7	1	5	8	6	9						
5	9	8	6	3	4	7	1	2						
8	7	3	4	6	1	9	2	5						
2	5	6	9	7	8	3	4	1						
4	1	9	5	2	3	6	7	8						
7	2	5	3	9	6	1	8	4	5	2	7	6	9	3
6	3	1	8	4	2	5	9	7	3	4	6	1	2	8
9	8	4	1	5	7	2	3	6	9	1	8	5	4	7
						6	5	1	4	8	2	7	3	9
						3	7	2	6	9	5	4	8	1
						9	4	8	1	7	3	2	5	6
2	7	3	4	1	9	8	6	5	2	3	1	9	7	4
5	1	9	7	6	8	4	2	3	7	6	9	8	1	5
4	8	6	5	3	2	7	1	9	8	5	4	3	6	2
9	5	1	6	8	3	2	7	4						
7	4	8	1	2	5	9	3	6						
3	6	2	9	7	4	1	5	8						
8	3	5	2	9	7	6	4	1						
1	2	4	8	5	6	3	9	7						
6	9	7	3	4	1	5	8	2						

Solution - 205

5	3	2	9	4	1	6	8	7						
1	4	6	7	8	2	5	3	9						
9	7	8	6	5	3	4	1	2						
2	8	3	4	7	5	9	6	1						
6	5	1	2	9	8	3	7	4						
7	9	4	1	3	6	2	5	8						
8	6	9	3	1	4	7	2	5	4	8	3	6	9	1
3	1	7	5	2	9	8	4	6	2	9	1	3	7	5
4	2	5	8	6	7	1	9	3	5	7	6	8	2	4
						2	1	8	3	6	4	9	5	7
						5	3	4	7	1	9	2	8	6
						9	6	7	8	5	2	1	4	3
7	8	9	2	4	3	6	5	1	9	2	7	4	3	8
6	3	1	5	9	7	4	8	2	1	3	5	7	6	9
4	5	2	6	1	8	3	7	9	6	4	8	5	1	2
8	9	5	7	6	2	1	3	4						
3	4	6	8	5	1	9	2	7						
2	1	7	9	3	4	5	6	8						
1	6	8	3	2	9	7	4	5						
9	2	3	4	7	5	8	1	6						
5	7	4	1	8	6	2	9	3						

Solution - 206

8	5	6	9	3	2	4	7	1						
9	4	1	7	8	5	3	2	6						
2	3	7	6	4	1	9	5	8						
4	6	8	1	2	9	5	3	7						
3	9	5	4	7	6	1	8	2						
7	1	2	3	5	8	6	9	4						
1	7	4	8	9	3	2	6	5	8	3	7	1	9	4
6	2	9	5	1	7	8	4	3	1	6	9	2	5	7
5	8	3	2	6	4	7	1	9	5	4	2	6	3	8
						9	3	7	6	2	1	4	8	5
						5	2	6	4	7	8	9	1	3
						1	8	4	3	9	5	7	6	2
5	2	7	6	8	3	4	9	1	7	5	3	8	2	6
1	8	3	4	9	7	6	5	2	9	8	4	3	7	1
6	9	4	1	2	5	3	7	8	2	1	6	5	4	9
7	6	9	2	1	8	5	4	3						
3	4	8	5	7	6	1	2	9						
2	5	1	9	3	4	7	8	6						
4	3	5	8	6	9	2	1	7						
9	7	2	3	5	1	8	6	4						
8	1	6	7	4	2	9	3	5						

Solution - 207

3	9	1	7	6	4	5	8	2						
7	6	5	8	2	9	1	4	3						
2	8	4	3	5	1	9	6	7						
5	3	7	1	9	6	4	2	8						
8	4	2	5	7	3	6	9	1						
9	1	6	4	8	2	7	3	5						
6	7	8	2	4	5	3	1	9	2	5	8	7	6	4
1	2	9	6	3	7	8	5	4	9	7	6	2	1	3
4	5	3	9	1	8	2	7	6	4	3	1	5	8	9
						4	3	2	1	9	7	6	5	8
						7	9	8	6	4	5	3	2	1
						1	6	5	8	2	3	9	4	7
8	2	1	9	7	5	6	4	3	5	8	9	1	7	2
5	7	6	8	4	3	9	2	1	7	6	4	8	3	5
3	4	9	1	6	2	5	8	7	3	1	2	4	9	6
7	1	5	2	9	6	8	3	4						
6	3	4	7	5	8	2	1	9						
9	8	2	3	1	4	7	5	6						
1	6	3	5	2	9	4	7	8						
2	9	7	4	8	1	3	6	5						
4	5	8	6	3	7	1	9	2						

Solution - 208

5	4	8	6	2	9	1	3	7						
9	1	3	7	5	4	6	8	2						
7	6	2	1	3	8	9	4	5						
1	8	7	4	9	5	2	6	3						
6	5	4	2	7	3	8	1	9						
3	2	9	8	6	1	7	5	4						
2	9	1	3	4	6	5	7	8	4	6	3	9	1	2
8	3	5	9	1	7	4	2	6	1	9	7	5	8	3
4	7	6	5	8	2	3	9	1	5	2	8	4	6	7
						6	3	9	8	7	1	2	4	5
						2	5	4	9	3	6	1	7	8
						1	8	7	2	5	4	3	9	6
2	8	3	1	6	9	7	4	5	6	1	2	8	3	9
1	4	9	5	3	7	8	6	2	3	4	9	7	5	1
5	6	7	8	4	2	9	1	3	7	8	5	6	2	4
8	2	4	7	9	5	1	3	6						
7	3	5	4	1	6	2	8	9						
9	1	6	3	2	8	4	5	7						
3	9	2	6	8	4	5	7	1						
6	7	8	9	5	1	3	2	4						
4	5	1	2	7	3	6	9	8						

Solution - 209

7	3	6	5	9	1	8	2	4						
5	1	9	2	4	8	3	7	6						
4	2	8	3	7	6	9	5	1						
2	8	3	1	6	5	4	9	7						
1	6	4	9	3	7	2	8	5						
9	5	7	8	2	4	6	1	3						
3	7	2	4	5	9	1	6	8	7	4	9	2	5	3
8	4	5	6	1	2	7	3	9	2	8	5	6	1	4
6	9	1	7	8	3	5	4	2	6	3	1	7	8	9
						6	5	7	9	2	8	4	3	1
						9	8	4	1	7	3	5	6	2
						3	2	1	5	6	4	8	9	7
3	1	5	2	8	7	4	9	6	3	5	2	1	7	8
2	4	9	5	1	6	8	7	3	4	1	6	9	2	5
7	6	8	9	4	3	2	1	5	8	9	7	3	4	6
9	7	4	3	2	8	5	6	1						
8	3	6	1	7	5	9	4	2						
1	5	2	6	9	4	7	3	8						
5	8	3	7	6	9	1	2	4						
4	2	7	8	3	1	6	5	9						
6	9	1	4	5	2	3	8	7						

Solution - 210

7	8	4	2	9	6	3	1	5						
9	2	3	7	5	1	8	6	4						
1	5	6	4	3	8	2	7	9						
2	9	7	8	6	3	4	5	1						
6	4	8	1	7	5	9	3	2						
3	1	5	9	2	4	6	8	7						
5	6	9	3	4	7	1	2	8	4	7	5	3	6	9
8	7	2	6	1	9	5	4	3	1	9	6	2	7	8
4	3	1	5	8	2	7	9	6	2	8	3	1	5	4
						6	5	2	8	3	1	4	9	7
						3	7	9	6	5	4	8	1	2
						4	8	1	9	2	7	6	3	5
4	3	9	5	2	1	8	6	7	3	4	9	5	2	1
6	5	2	7	3	8	9	1	4	5	6	2	7	8	3
8	7	1	4	6	9	2	3	5	7	1	8	9	4	6
7	8	3	6	9	4	5	2	1						
1	2	4	8	5	7	6	9	3						
9	6	5	2	1	3	4	7	8						
5	9	7	1	4	2	3	8	6						
2	4	8	3	7	6	1	5	9						
3	1	6	9	8	5	7	4	2						

Solution - 211

4	8	1	6	3	7	5	9	2						
7	2	9	8	1	5	6	4	3						
3	5	6	4	2	9	1	7	8						
5	7	4	2	8	3	9	6	1						
8	6	3	9	5	1	7	2	4						
9	1	2	7	4	6	8	3	5						
2	4	7	5	9	8	3	1	6	8	2	4	5	7	9
6	3	5	1	7	4	2	8	9	5	6	7	1	3	4
1	9	8	3	6	2	4	5	7	1	9	3	2	8	6
						5	9	3	7	1	8	4	6	2
						1	2	4	9	3	6	7	5	8
						7	6	8	2	4	5	9	1	3
1	7	6	2	3	8	9	4	5	6	8	1	3	2	7
3	8	9	1	5	4	6	7	2	3	5	9	8	4	1
4	5	2	7	6	9	8	3	1	4	7	2	6	9	5
9	3	5	6	7	2	4	1	8						
2	6	4	9	8	1	7	5	3						
8	1	7	3	4	5	2	6	9						
7	4	8	5	2	3	1	9	6						
6	9	3	8	1	7	5	2	4						
5	2	1	4	9	6	3	8	7						

Solution - 212

4	3	6	1	2	8	7	9	5						
1	5	7	9	3	6	8	4	2						
9	8	2	7	4	5	1	6	3						
7	9	3	6	1	2	5	8	4						
6	2	8	4	5	7	9	3	1						
5	4	1	8	9	3	6	2	7						
8	1	5	2	6	4	3	7	9	8	1	2	5	4	6
2	7	9	3	8	1	4	5	6	9	7	3	8	2	1
3	6	4	5	7	9	2	1	8	4	6	5	3	9	7
						9	6	7	5	3	8	2	1	4
						1	4	3	6	2	7	9	8	5
						8	2	5	1	9	4	6	7	3
5	1	8	3	4	7	6	9	2	3	4	1	7	5	8
9	3	4	6	2	5	7	8	1	2	5	6	4	3	9
6	2	7	9	8	1	5	3	4	7	8	9	1	6	2
1	5	6	8	7	2	9	4	3						
4	8	3	5	9	6	1	2	7						
2	7	9	1	3	4	8	5	6						
3	4	5	7	1	9	2	6	8						
8	9	1	2	6	3	4	7	5						
7	6	2	4	5	8	3	1	9						

Solution - 213

7	4	6	5	9	3	8	2	1						
9	8	3	2	1	6	5	4	7						
5	2	1	8	7	4	6	3	9						
8	5	9	6	3	7	4	1	2						
2	1	7	9	4	8	3	5	6						
6	3	4	1	5	2	7	9	8						
4	9	2	7	8	5	1	6	3	8	7	9	2	4	5
3	6	8	4	2	1	9	7	5	2	4	6	8	3	1
1	7	5	3	6	9	2	8	4	5	3	1	6	7	9
						4	9	6	1	8	7	5	2	3
						3	5	2	9	6	4	7	1	8
						8	1	7	3	5	2	9	6	4
1	9	4	5	3	7	6	2	8	4	1	5	3	9	7
6	5	8	2	4	9	7	3	1	6	9	8	4	5	2
3	2	7	8	6	1	5	4	9	7	2	3	1	8	6
8	4	3	9	2	6	1	7	5						
7	1	2	3	8	5	9	6	4						
5	6	9	1	7	4	3	8	2						
2	3	5	6	9	8	4	1	7						
4	8	1	7	5	3	2	9	6						
9	7	6	4	1	2	8	5	3						

Solution - 214

2	8	4	6	5	1	9	3	7						
6	9	7	3	4	8	2	5	1						
3	1	5	2	9	7	8	4	6						
1	4	3	8	2	9	7	6	5						
7	2	9	5	3	6	1	8	4						
8	5	6	1	7	4	3	9	2						
5	6	1	9	8	2	4	7	3	2	1	6	8	5	9
4	3	8	7	1	5	6	2	9	5	3	8	7	4	1
9	7	2	4	6	3	5	1	8	4	9	7	3	6	2
						2	8	7	9	6	4	1	3	5
						9	6	1	3	5	2	4	8	7
						3	5	4	7	8	1	2	9	6
5	9	7	1	2	3	8	4	6	1	7	5	9	2	3
2	4	8	6	7	9	1	3	5	8	2	9	6	7	4
3	1	6	5	8	4	7	9	2	6	4	3	5	1	8
6	5	1	4	3	8	9	2	7						
4	2	9	7	5	1	3	6	8						
8	7	3	9	6	2	5	1	4						
1	6	2	8	9	5	4	7	3						
7	8	4	3	1	6	2	5	9						
9	3	5	2	4	7	6	8	1						

Solution - 215

7	8	1	3	5	9	4	6	2						
6	2	5	8	7	4	1	3	9						
4	9	3	1	2	6	5	7	8						
9	4	7	5	1	3	2	8	6						
8	3	6	9	4	2	7	5	1						
5	1	2	6	8	7	9	4	3						
2	5	8	4	3	1	6	9	7	3	5	2	1	8	4
1	6	4	7	9	8	3	2	5	4	8	1	9	6	7
3	7	9	2	6	5	8	1	4	7	6	9	2	3	5
						4	6	1	5	9	7	3	2	8
						2	7	9	6	3	8	5	4	1
						5	3	8	1	2	4	6	7	9
8	3	6	7	4	1	9	5	2	8	4	3	7	1	6
2	9	1	8	6	5	7	4	3	9	1	6	8	5	2
4	5	7	3	2	9	1	8	6	2	7	5	4	9	3
9	8	2	5	1	6	3	7	4						
1	7	5	4	3	2	8	6	9						
3	6	4	9	7	8	2	1	5						
5	4	8	1	9	3	6	2	7						
7	2	3	6	8	4	5	9	1						
6	1	9	2	5	7	4	3	8						

Solution - 216

9	8	6	4	5	2	3	7	1						
3	1	2	8	7	9	6	4	5						
4	7	5	3	6	1	2	9	8						
7	3	1	6	4	8	9	5	2						
8	5	9	1	2	7	4	6	3						
2	6	4	9	3	5	1	8	7						
6	9	7	2	8	3	5	1	4	6	7	8	2	9	3
5	4	3	7	1	6	8	2	9	4	5	3	1	6	7
1	2	8	5	9	4	7	3	6	2	1	9	4	5	8
						4	5	8	3	6	7	9	1	2
						9	7	2	5	8	1	3	4	6
						3	6	1	9	4	2	8	7	5
2	4	8	3	1	5	6	9	7	8	3	4	5	2	1
9	1	3	4	7	6	2	8	5	1	9	6	7	3	4
6	5	7	8	2	9	1	4	3	7	2	5	6	8	9
8	2	5	7	9	1	3	6	4						
4	7	9	6	3	2	8	5	1						
1	3	6	5	4	8	7	2	9						
7	6	2	1	5	4	9	3	8						
3	8	4	9	6	7	5	1	2						
5	9	1	2	8	3	4	7	6						

Solution - 217

9	3	2	5	4	8	1	7	6						
1	5	7	9	6	3	8	4	2						
8	6	4	2	7	1	9	3	5						
7	1	3	8	5	6	4	2	9						
2	9	6	4	3	7	5	1	8						
4	8	5	1	9	2	7	6	3						
5	7	8	3	2	4	6	9	1	5	7	8	2	4	3
6	2	1	7	8	9	3	5	4	6	9	2	8	7	1
3	4	9	6	1	5	2	8	7	1	3	4	6	9	5
						9	2	6	4	1	3	5	8	7
						4	7	5	2	8	9	3	1	6
						1	3	8	7	6	5	9	2	4
5	3	6	8	4	9	7	1	2	9	5	6	4	3	8
7	4	2	5	1	3	8	6	9	3	4	7	1	5	2
9	1	8	7	2	6	5	4	3	8	2	1	7	6	9
4	2	9	6	3	5	1	7	8						
6	5	7	9	8	1	3	2	4						
3	8	1	2	7	4	9	5	6						
1	6	3	4	9	7	2	8	5						
2	7	4	3	5	8	6	9	1						
8	9	5	1	6	2	4	3	7						

Solution - 218

7	5	9	2	1	8	3	4	6						
3	8	4	9	7	6	2	5	1						
1	6	2	5	4	3	8	9	7						
6	4	3	8	9	2	1	7	5						
9	2	7	6	5	1	4	3	8						
5	1	8	4	3	7	6	2	9						
4	7	1	3	6	5	9	8	2	3	5	6	4	1	7
8	9	6	7	2	4	5	1	3	4	7	2	9	8	6
2	3	5	1	8	9	7	6	4	8	9	1	3	5	2
						6	7	9	2	8	5	1	4	3
						3	4	1	9	6	7	8	2	5
						8	2	5	1	3	4	7	6	9
7	3	1	4	5	6	2	9	8	5	1	3	6	7	4
9	5	8	1	7	2	4	3	6	7	2	8	5	9	1
4	2	6	9	3	8	1	5	7	6	4	9	2	3	8
2	1	7	8	9	5	6	4	3						
3	9	5	6	2	4	8	7	1						
6	8	4	7	1	3	5	2	9						
8	4	9	5	6	7	3	1	2						
5	7	3	2	8	1	9	6	4						
1	6	2	3	4	9	7	8	5						

Solution - 219

1	8	3	5	4	9	6	2	7						
5	4	9	7	6	2	1	8	3						
2	7	6	8	1	3	9	4	5						
4	5	8	9	2	7	3	1	6						
3	2	7	6	8	1	4	5	9						
9	6	1	4	3	5	8	7	2						
7	1	5	3	9	4	2	6	8	1	5	9	4	7	3
6	3	4	2	5	8	7	9	1	4	8	3	2	6	5
8	9	2	1	7	6	5	3	4	6	7	2	1	9	8
						4	5	9	2	1	6	3	8	7
						8	2	3	5	4	7	6	1	9
						6	1	7	3	9	8	5	4	2
2	4	5	9	8	1	3	7	6	8	2	1	9	5	4
1	6	8	7	3	5	9	4	2	7	6	5	8	3	1
9	3	7	6	2	4	1	8	5	9	3	4	7	2	6
3	7	9	4	5	6	8	2	1						
5	1	2	8	9	7	6	3	4						
6	8	4	3	1	2	7	5	9						
7	9	6	2	4	8	5	1	3						
8	2	1	5	6	3	4	9	7						
4	5	3	1	7	9	2	6	8						

Solution - 220

6	7	3	5	8	1	4	9	2						
9	1	8	3	2	4	5	6	7						
2	4	5	6	7	9	3	8	1						
5	8	9	7	1	3	6	2	4						
4	2	6	8	9	5	7	1	3						
7	3	1	4	6	2	8	5	9						
3	6	2	9	4	8	1	7	5	6	8	3	4	2	9
1	5	7	2	3	6	9	4	8	2	7	5	6	3	1
8	9	4	1	5	7	2	3	6	4	1	9	5	7	8
						4	9	7	1	2	6	8	5	3
						6	1	3	5	9	8	7	4	2
						8	5	2	3	4	7	1	9	6
8	7	3	1	2	4	5	6	9	7	3	1	2	8	4
1	5	2	9	6	3	7	8	4	9	6	2	3	1	5
9	6	4	8	5	7	3	2	1	8	5	4	9	6	7
4	9	6	3	1	8	2	5	7						
5	1	8	7	4	2	6	9	3						
2	3	7	6	9	5	4	1	8						
3	4	9	2	8	6	1	7	5						
7	2	1	5	3	9	8	4	6						
6	8	5	4	7	1	9	3	2						

Solution - 221

5	2	1	9	3	6	7	8	4						
4	7	8	1	5	2	6	3	9						
3	6	9	7	8	4	1	5	2						
9	5	6	2	1	8	4	7	3						
2	1	7	4	9	3	5	6	8						
8	3	4	5	6	7	9	2	1						
7	9	3	6	2	1	8	4	5	9	7	1	3	6	2
1	4	2	8	7	5	3	9	6	8	2	5	7	1	4
6	8	5	3	4	9	2	1	7	4	3	6	5	8	9
						1	6	8	5	9	3	2	4	7
						4	5	3	2	6	7	1	9	8
						9	7	2	1	4	8	6	3	5
9	1	6	2	8	7	5	3	4	6	8	2	9	7	1
5	7	2	9	4	3	6	8	1	7	5	9	4	2	3
4	8	3	6	1	5	7	2	9	3	1	4	8	5	6
6	5	4	8	3	2	9	1	7						
8	2	1	7	6	9	3	4	5						
3	9	7	1	5	4	8	6	2						
1	6	9	4	7	8	2	5	3						
7	3	8	5	2	1	4	9	6						
2	4	5	3	9	6	1	7	8						

Solution - 222

9	6	4	3	5	7	2	8	1						
2	3	8	4	6	1	5	9	7						
7	5	1	2	8	9	3	6	4						
6	9	3	7	1	2	4	5	8						
5	4	2	8	9	3	1	7	6						
8	1	7	5	4	6	9	2	3						
3	2	5	1	7	8	6	4	9	3	5	7	1	8	2
4	8	9	6	3	5	7	1	2	6	8	4	9	3	5
1	7	6	9	2	4	8	3	5	1	9	2	4	7	6
						3	7	1	8	2	9	5	6	4
						5	9	8	4	6	1	3	2	7
						4	2	6	7	3	5	8	1	9
8	6	1	9	7	4	2	5	3	9	7	8	6	4	1
5	7	2	3	1	6	9	8	4	2	1	6	7	5	3
4	3	9	5	8	2	1	6	7	5	4	3	2	9	8
1	8	7	6	9	5	3	4	2						
6	9	4	1	2	3	5	7	8						
3	2	5	7	4	8	6	1	9						
7	4	6	2	5	9	8	3	1						
2	1	3	8	6	7	4	9	5						
9	5	8	4	3	1	7	2	6						

Solution - 223

7	5	8	9	1	4	2	3	6						
4	6	9	3	2	8	5	1	7						
2	1	3	6	5	7	4	8	9						
9	3	1	5	8	6	7	4	2						
8	2	4	1	7	9	3	6	5						
6	7	5	2	4	3	8	9	1						
1	8	7	4	6	2	9	5	3	8	7	2	1	4	6
3	4	6	7	9	5	1	2	8	3	4	6	7	9	5
5	9	2	8	3	1	6	7	4	5	1	9	8	2	3
						7	9	6	4	8	1	3	5	2
						5	4	1	2	6	3	9	8	7
						8	3	2	7	9	5	6	1	4
1	7	4	9	6	3	2	8	5	1	3	7	4	6	9
6	5	2	7	4	8	3	1	9	6	5	4	2	7	8
3	9	8	2	1	5	4	6	7	9	2	8	5	3	1
5	2	1	8	7	9	6	3	4						
4	8	7	6	3	2	5	9	1						
9	3	6	4	5	1	8	7	2						
8	1	3	5	2	7	9	4	6						
7	4	5	3	9	6	1	2	8						
2	6	9	1	8	4	7	5	3						

Solution - 224

2	7	1	9	4	5	3	8	6						
6	9	8	1	7	3	2	4	5						
3	5	4	8	6	2	1	9	7						
8	4	9	2	1	6	7	5	3						
7	1	6	3	5	8	9	2	4						
5	3	2	7	9	4	8	6	1						
9	8	5	4	3	7	6	1	2	3	5	4	8	9	7
4	2	7	6	8	1	5	3	9	8	1	7	6	2	4
1	6	3	5	2	9	4	7	8	2	9	6	5	1	3
						9	4	1	5	6	3	7	8	2
						2	8	7	9	4	1	3	6	5
						3	5	6	7	2	8	1	4	9
3	1	4	7	2	6	8	9	5	1	7	2	4	3	6
9	2	5	4	1	8	7	6	3	4	8	9	2	5	1
8	6	7	5	9	3	1	2	4	6	3	5	9	7	8
6	4	9	2	5	1	3	7	8						
1	7	8	3	4	9	6	5	2						
2	5	3	8	6	7	4	1	9						
4	8	6	9	7	5	2	3	1						
7	9	2	1	3	4	5	8	6						
5	3	1	6	8	2	9	4	7						

Solution - 225

2	7	1	9	3	6	5	8	4						
3	4	5	8	7	2	6	9	1						
8	6	9	5	4	1	3	2	7						
6	3	4	2	5	7	9	1	8						
7	1	8	3	6	9	4	5	2						
5	9	2	1	8	4	7	3	6						
4	2	3	6	1	5	8	7	9	3	4	1	2	6	5
1	8	7	4	9	3	2	6	5	8	7	9	1	4	3
9	5	6	7	2	8	1	4	3	6	2	5	8	7	9
						7	3	6	1	9	8	4	5	2
						4	1	8	5	3	2	6	9	7
						5	9	2	7	6	4	3	8	1
4	5	7	6	2	9	3	8	1	9	5	6	7	2	4
3	6	8	5	4	1	9	2	7	4	8	3	5	1	6
9	1	2	7	3	8	6	5	4	2	1	7	9	3	8
7	4	9	1	5	3	8	6	2						
6	2	1	9	8	7	5	4	3						
8	3	5	4	6	2	7	1	9						
2	9	6	8	7	4	1	3	5						
1	8	3	2	9	5	4	7	6						
5	7	4	3	1	6	2	9	8						

Solution - 226

4	9	5	2	1	3	8	6	7						
8	3	6	7	9	5	1	4	2						
2	7	1	4	8	6	9	5	3						
6	8	2	9	4	1	7	3	5						
3	1	4	6	5	7	2	8	9						
9	5	7	3	2	8	6	1	4						
5	4	9	8	6	2	3	7	1	5	8	4	9	2	6
7	2	8	1	3	4	5	9	6	2	1	7	8	3	4
1	6	3	5	7	9	4	2	8	9	6	3	1	5	7
						7	4	9	8	3	2	5	6	1
						1	8	3	6	5	9	7	4	2
						2	6	5	7	4	1	3	8	9
6	7	5	9	1	4	8	3	2	1	7	6	4	9	5
2	9	3	8	5	7	6	1	4	3	9	5	2	7	8
8	4	1	3	2	6	9	5	7	4	2	8	6	1	3
9	1	7	5	3	8	2	4	6						
4	5	8	2	6	9	3	7	1						
3	2	6	7	4	1	5	8	9						
1	3	4	6	8	2	7	9	5						
5	6	9	4	7	3	1	2	8						
7	8	2	1	9	5	4	6	3						

Solution - 227

3	8	4	9	1	6	5	2	7						
1	2	5	4	8	7	9	3	6						
9	7	6	3	5	2	4	1	8						
2	5	9	6	3	8	1	7	4						
4	6	1	2	7	9	3	8	5						
7	3	8	1	4	5	6	9	2						
5	4	3	7	2	1	8	6	9	7	3	2	5	4	1
8	9	7	5	6	3	2	4	1	6	8	5	9	7	3
6	1	2	8	9	4	7	5	3	9	1	4	8	2	6
						1	2	7	4	6	9	3	8	5
						9	3	6	5	7	8	4	1	2
						5	8	4	1	2	3	6	9	7
5	6	4	1	2	9	3	7	8	2	9	6	1	5	4
1	7	8	5	6	3	4	9	2	3	5	1	7	6	8
3	2	9	4	7	8	6	1	5	8	4	7	2	3	9
4	5	7	8	1	6	9	2	3						
8	3	6	2	9	5	7	4	1						
2	9	1	3	4	7	8	5	6						
6	4	5	9	3	1	2	8	7						
9	1	3	7	8	2	5	6	4						
7	8	2	6	5	4	1	3	9						

Solution - 228

8	2	9	7	4	5	3	1	6						
3	6	4	1	2	8	5	7	9						
5	7	1	9	3	6	2	8	4						
4	1	5	8	9	3	7	6	2						
2	8	6	4	5	7	1	9	3						
9	3	7	6	1	2	4	5	8						
7	9	2	3	8	1	6	4	5	8	2	1	3	9	7
6	4	3	5	7	9	8	2	1	3	9	7	5	4	6
1	5	8	2	6	4	9	3	7	5	4	6	2	8	1
						3	1	4	9	8	5	7	6	2
						5	8	2	6	7	3	4	1	9
						7	9	6	2	1	4	8	5	3
1	8	5	3	4	7	2	6	9	7	5	8	1	3	4
3	4	9	6	2	5	1	7	8	4	3	9	6	2	5
2	7	6	9	8	1	4	5	3	1	6	2	9	7	8
5	6	1	8	7	2	3	9	4						
8	3	4	5	9	6	7	1	2						
7	9	2	1	3	4	6	8	5						
4	5	3	7	1	9	8	2	6						
9	1	8	2	6	3	5	4	7						
6	2	7	4	5	8	9	3	1						

Solution - 229

1	4	5	8	7	6	9	2	3						
8	9	6	5	2	3	7	4	1						
3	7	2	1	9	4	8	5	6						
7	1	3	6	8	2	4	9	5						
4	5	9	7	3	1	2	6	8						
6	2	8	9	4	5	3	1	7						
2	6	7	4	5	8	1	3	9	8	6	5	7	4	2
9	3	1	2	6	7	5	8	4	2	7	1	9	3	6
5	8	4	3	1	9	6	7	2	9	3	4	5	1	8
						8	5	3	4	9	7	2	6	1
						2	1	7	3	8	6	4	5	9
						4	9	6	1	5	2	3	8	7
2	8	5	3	4	9	7	6	1	5	2	3	8	9	4
9	6	1	7	5	2	3	4	8	7	1	9	6	2	5
3	7	4	8	1	6	9	2	5	6	4	8	1	7	3
8	5	7	2	6	4	1	3	9						
6	1	3	5	9	7	4	8	2						
4	9	2	1	8	3	5	7	6						
1	4	9	6	3	8	2	5	7						
7	3	6	9	2	5	8	1	4						
5	2	8	4	7	1	6	9	3						

Solution - 230

4	1	6	3	5	9	7	2	8						
7	3	8	4	2	6	1	9	5						
5	2	9	8	1	7	4	6	3						
2	9	1	6	3	8	5	7	4						
6	4	5	7	9	1	3	8	2						
8	7	3	5	4	2	6	1	9						
3	6	2	1	8	4	9	5	7	1	4	2	6	3	8
9	5	7	2	6	3	8	4	1	5	3	6	2	7	9
1	8	4	9	7	5	2	3	6	8	9	7	4	5	1
						4	8	9	7	2	3	5	1	6
						7	2	5	9	6	1	8	4	3
						6	1	3	4	8	5	7	9	2
9	1	8	2	5	7	3	6	4	2	5	9	1	8	7
5	7	2	4	6	3	1	9	8	6	7	4	3	2	5
4	6	3	9	8	1	5	7	2	3	1	8	9	6	4
7	8	5	6	4	9	2	1	3						
2	3	6	1	7	5	8	4	9						
1	9	4	3	2	8	6	5	7						
3	4	9	5	1	2	7	8	6						
6	5	7	8	3	4	9	2	1						
8	2	1	7	9	6	4	3	5						

Solution - 231

6	1	5	8	7	3	4	9	2						
3	7	4	2	9	5	6	8	1						
8	2	9	4	6	1	5	3	7						
1	9	2	5	3	8	7	6	4						
7	4	8	6	1	9	2	5	3						
5	6	3	7	4	2	8	1	9						
2	3	7	9	8	6	1	4	5	2	9	7	6	3	8
9	5	6	1	2	4	3	7	8	4	5	6	9	1	2
4	8	1	3	5	7	9	2	6	1	3	8	7	4	5
						6	1	7	8	4	5	3	2	9
						8	5	4	9	2	3	1	7	6
						2	9	3	6	7	1	8	5	4
9	8	6	1	7	5	4	3	2	7	8	9	5	6	1
4	3	5	9	6	2	7	8	1	5	6	4	2	9	3
1	7	2	4	8	3	5	6	9	3	1	2	4	8	7
7	2	9	3	5	8	6	1	4						
3	5	1	6	4	9	8	2	7						
8	6	4	7	2	1	9	5	3						
5	4	7	2	1	6	3	9	8						
2	9	8	5	3	4	1	7	6						
6	1	3	8	9	7	2	4	5						

Solution - 232

1	5	8	2	4	6	9	7	3						
6	2	3	9	8	7	5	4	1						
9	4	7	5	3	1	6	2	8						
5	1	4	3	7	2	8	9	6						
7	3	6	8	5	9	4	1	2						
8	9	2	6	1	4	7	3	5						
3	6	9	4	2	5	1	8	7	5	2	9	3	4	6
2	7	5	1	9	8	3	6	4	8	1	7	2	5	9
4	8	1	7	6	3	2	5	9	6	3	4	1	8	7
						4	9	6	1	7	8	5	2	3
						7	2	5	9	4	3	8	6	1
						8	1	3	2	6	5	9	7	4
5	6	8	3	1	4	9	7	2	4	5	1	6	3	8
3	1	2	7	6	9	5	4	8	3	9	6	7	1	2
9	4	7	5	2	8	6	3	1	7	8	2	4	9	5
1	9	3	2	7	6	8	5	4						
2	8	6	4	3	5	7	1	9						
4	7	5	8	9	1	2	6	3						
8	3	4	9	5	7	1	2	6						
7	2	1	6	8	3	4	9	5						
6	5	9	1	4	2	3	8	7						

Solution - 233

3	5	9	8	7	2	4	6	1						
4	2	8	6	5	1	9	3	7						
7	1	6	9	3	4	5	8	2						
8	3	5	1	6	9	7	2	4						
2	6	7	5	4	3	1	9	8						
9	4	1	2	8	7	6	5	3						
5	8	2	7	1	6	3	4	9	7	6	8	2	1	5
1	9	4	3	2	5	8	7	6	1	5	2	4	3	9
6	7	3	4	9	8	2	1	5	3	4	9	8	6	7
						7	3	2	5	9	6	1	4	8
						1	6	8	4	2	7	5	9	3
						9	5	4	8	3	1	7	2	6
5	3	8	7	4	9	6	2	1	9	7	5	3	8	4
6	1	2	3	8	5	4	9	7	2	8	3	6	5	1
7	9	4	2	6	1	5	8	3	6	1	4	9	7	2
9	4	7	5	3	8	1	6	2						
3	2	1	4	7	6	8	5	9						
8	5	6	1	9	2	3	7	4						
2	6	3	8	1	7	9	4	5						
4	8	5	9	2	3	7	1	6						
1	7	9	6	5	4	2	3	8						

Solution - 234

6	2	7	8	4	3	9	5	1						
3	5	1	9	2	6	4	7	8						
9	4	8	7	5	1	6	2	3						
8	3	5	1	6	4	2	9	7						
7	1	2	3	9	5	8	4	6						
4	9	6	2	7	8	1	3	5						
1	7	3	4	8	9	5	6	2	1	9	7	4	8	3
2	6	9	5	1	7	3	8	4	5	6	2	9	1	7
5	8	4	6	3	2	7	1	9	4	8	3	6	2	5
						9	3	7	6	2	4	1	5	8
						8	4	1	7	5	9	2	3	6
						2	5	6	8	3	1	7	9	4
9	3	2	1	5	4	6	7	8	9	1	5	3	4	2
6	4	8	3	7	9	1	2	5	3	4	6	8	7	9
5	7	1	8	6	2	4	9	3	2	7	8	5	6	1
8	2	7	6	9	1	3	5	4						
4	1	6	7	3	5	2	8	9						
3	5	9	4	2	8	7	6	1						
1	8	5	2	4	7	9	3	6						
2	9	3	5	1	6	8	4	7						
7	6	4	9	8	3	5	1	2						

Solution - 235

5	7	3	1	6	8	9	2	4						
1	4	6	2	9	7	8	3	5						
2	8	9	3	5	4	6	7	1						
9	1	5	6	4	2	3	8	7						
3	2	7	9	8	1	4	5	6						
4	6	8	7	3	5	2	1	9						
8	9	4	5	7	3	1	6	2	7	4	8	9	3	5
6	5	1	8	2	9	7	4	3	1	9	5	6	8	2
7	3	2	4	1	6	5	9	8	3	6	2	7	1	4
						6	8	9	4	3	7	5	2	1
						2	7	5	6	8	1	3	4	9
						4	3	1	5	2	9	8	6	7
8	1	7	3	5	6	9	2	4	8	7	3	1	5	6
3	4	5	9	2	7	8	1	6	9	5	4	2	7	3
9	6	2	1	4	8	3	5	7	2	1	6	4	9	8
4	8	1	2	9	5	6	7	3						
5	7	9	8	6	3	2	4	1						
6	2	3	4	7	1	5	9	8						
7	3	4	5	8	2	1	6	9						
1	5	6	7	3	9	4	8	2						
2	9	8	6	1	4	7	3	5						

Solution - 236

8	9	5	1	6	3	7	4	2						
3	1	6	2	4	7	8	9	5						
7	2	4	8	9	5	1	6	3						
6	7	2	3	1	9	5	8	4						
1	8	3	5	2	4	6	7	9						
4	5	9	6	7	8	2	3	1						
2	4	8	7	3	1	9	5	6	3	4	7	2	1	8
5	3	1	9	8	6	4	2	7	5	8	1	9	6	3
9	6	7	4	5	2	3	1	8	2	6	9	5	7	4
						2	8	3	6	7	4	1	9	5
						1	7	9	8	3	5	6	4	2
						5	6	4	9	1	2	3	8	7
1	7	2	3	9	8	6	4	5	1	2	8	7	3	9
8	3	6	2	5	4	7	9	1	4	5	3	8	2	6
9	4	5	7	1	6	8	3	2	7	9	6	4	5	1
7	2	1	5	8	9	3	6	4						
5	6	3	4	2	7	1	8	9						
4	9	8	6	3	1	5	2	7						
6	5	7	9	4	3	2	1	8						
3	1	9	8	7	2	4	5	6						
2	8	4	1	6	5	9	7	3						

Solution - 237

7	4	8	6	9	2	1	3	5						
2	5	9	1	3	8	6	7	4						
1	6	3	4	7	5	2	9	8						
6	2	4	5	8	7	3	1	9						
3	1	7	9	2	4	5	8	6						
9	8	5	3	6	1	4	2	7						
5	3	1	7	4	9	8	6	2	5	7	3	1	9	4
4	7	2	8	1	6	9	5	3	4	1	6	2	7	8
8	9	6	2	5	3	7	4	1	8	2	9	6	3	5
						6	3	4	7	5	2	9	8	1
						1	8	9	6	3	4	5	2	7
						2	7	5	9	8	1	4	6	3
9	7	1	3	4	8	5	2	6	3	4	8	7	1	9
6	4	8	2	1	5	3	9	7	1	6	5	8	4	2
3	5	2	6	7	9	4	1	8	2	9	7	3	5	6
8	6	4	9	5	1	2	7	3						
5	1	3	8	2	7	6	4	9						
7	2	9	4	3	6	1	8	5						
2	3	7	5	9	4	8	6	1						
4	9	6	1	8	3	7	5	2						
1	8	5	7	6	2	9	3	4						

Solution - 238

6	9	3	5	1	8	2	4	7						
8	4	2	7	3	9	5	6	1						
7	5	1	6	4	2	8	9	3						
1	7	6	8	2	3	9	5	4						
9	3	5	1	6	4	7	8	2						
4	2	8	9	7	5	1	3	6						
2	6	9	4	5	1	3	7	8	6	5	9	4	1	2
5	1	4	3	8	7	6	2	9	1	4	7	3	8	5
3	8	7	2	9	6	4	1	5	2	8	3	7	9	6
						5	4	7	8	9	2	6	3	1
						1	9	2	3	6	5	8	7	4
						8	3	6	7	1	4	5	2	9
3	9	8	2	6	1	7	5	4	9	3	1	2	6	8
4	5	7	3	8	9	2	6	1	5	7	8	9	4	3
6	1	2	5	4	7	9	8	3	4	2	6	1	5	7
8	7	3	4	5	6	1	2	9						
1	6	9	7	2	8	4	3	5						
2	4	5	9	1	3	8	7	6						
9	8	1	6	7	5	3	4	2						
7	2	6	1	3	4	5	9	8						
5	3	4	8	9	2	6	1	7						

Solution - 239

6	3	9	1	7	2	4	8	5						
8	7	2	9	5	4	6	3	1						
5	4	1	6	3	8	2	9	7						
3	1	6	8	2	7	9	5	4						
7	8	5	4	9	3	1	2	6						
9	2	4	5	1	6	3	7	8						
2	5	3	7	4	1	8	6	9	7	4	1	2	5	3
4	6	7	2	8	9	5	1	3	6	2	8	7	9	4
1	9	8	3	6	5	7	4	2	3	5	9	6	1	8
						6	7	1	2	9	3	8	4	5
						2	3	5	8	6	4	9	7	1
						4	9	8	5	1	7	3	2	6
4	5	3	8	7	1	9	2	6	1	8	5	4	3	7
6	2	9	4	5	3	1	8	7	4	3	2	5	6	9
7	1	8	9	6	2	3	5	4	9	7	6	1	8	2
1	7	6	2	4	5	8	3	9						
9	3	2	6	1	8	7	4	5						
5	8	4	3	9	7	2	6	1						
3	6	7	1	8	4	5	9	2						
8	4	1	5	2	9	6	7	3						
2	9	5	7	3	6	4	1	8						

Solution - 240

9	4	5	1	7	3	2	6	8						
6	8	3	5	2	9	7	4	1						
7	1	2	8	6	4	5	9	3						
5	6	4	9	1	8	3	7	2						
8	9	7	4	3	2	6	1	5						
2	3	1	7	5	6	9	8	4						
1	2	8	3	9	7	4	5	6	7	8	1	2	9	3
3	5	9	6	4	1	8	2	7	3	9	5	6	1	4
4	7	6	2	8	5	1	3	9	4	2	6	7	5	8
						5	9	3	1	6	7	4	8	2
						6	7	4	2	5	8	1	3	9
						2	8	1	9	3	4	5	7	6
8	9	6	5	7	4	3	1	2	6	7	9	8	4	5
4	1	2	9	8	3	7	6	5	8	4	3	9	2	1
7	3	5	1	2	6	9	4	8	5	1	2	3	6	7
2	6	9	4	1	8	5	7	3						
3	7	8	2	6	5	4	9	1						
5	4	1	7	3	9	2	8	6						
9	8	7	3	5	1	6	2	4						
1	5	4	6	9	2	8	3	7						
6	2	3	8	4	7	1	5	9						